mminions
fir The

Für Miriam,
die wirklich erlebt hat, was in diesem Buch
von Paula erzählt wird.

Bibliografische Information der Deutschen Nationalbibliothek
Die Deutsche Nationalbibliothek verzeichnet diese Publikation in der
Deutschen Nationalbibliografie; detaillierte bibliografische Daten sind
im Internet über http://dnb.d-nb.de abrufbar.

Das Gesamtprogramm
von Butzon & Bercker
finden Sie im Internet
unter www.bube.de

ISBN 978-3-7666-2823-7

2. Auflage 2021

© 2021 Butzon & Bercker GmbH, Hoogeweg 100, 47623 Kevelaer,
Deutschland, www.bube.de
Alle Rechte vorbehalten.
Infotexte, Rätsel- und Kreativseiten: Vera Lörks
Umschlaggestaltung: Werner Dennesen, Weeze
Layout und Satz: Amrei Serfling, Leipzig

Gerhard Dane • Monika Becker

Wo Jesus lebte

KINDER ENTDECKEN DAS HEILIGE LAND

Butzon & Bercker

MITTEL-
MEER

Seidenstraße

TYRUS

Libanon-Gebirge

Hermon-Gebirge

ARABIEN

PTOLEMAÏS

KANA

KAFARNAUM

MAGDALA

See Gennesaret

Karmel

SEPPHORIS

TIBERIAS

NAZARET

DORA

NAIN

CÄSAREA

Bergland von Judäa

Jordan

PELLA

APOLLONIA

JOPPE

JERICHO

EMMAUS

JERUSALEM

QUMRAN

BETLEHEM

Weihrauch-straße

Totes Meer

DAS LAND
DER BIBEL

UM DAS JAHR 10

 # Inhalt

Wie Paula der Mund offen stehen blieb

Papa hat mir Fotos von Israel im Internet gezeigt. Ich kann mir gar nicht vorstellen, dass ich bald wirklich da bin.

BESONDERER GEBURTSTAGS-BESUCH

Heute Abend war Paula sehr müde. Natürlich tat sie alles, dass niemand es merkte. Schon gar nicht Mama, die hätte glatt angefangen, von Bett und Schlafengehen zu reden. Paula wollte auf keinen Fall schon ins Bett; denn erstens war heute ihr Geburtstag, sie war heute acht Jahre alt geworden, und zweitens waren ihr Lieblingsonkel und ihre Lieblingstante noch nicht erschienen, weil sie so lange arbeiten mussten. Paula hing sehr an Georg, ihrem Patenonkel, und an seiner Frau Tina. Sie war sogar schon mit den beiden allein in Ferien gewesen, ohne Mama und Papa. Es war eine wundervolle Woche auf einem Reiterhof gewesen und Paula hatte überhaupt kein Heimweh gehabt. Onkel Georg und Tante

Wusstest du ...

dass man als »Heiliges Land« die Gegend bezeichnet, in der Jesus gelebt hat? Dazu gehören vor allem das Land Israel, die palästinensischen Gebiete und ein kleiner Teil der Nachbarländer.

Tina hatten selbst keine Kinder, umso mehr liebten sie Paula und verwöhnten sie oft nach Strich und Faden. Kein Wunder also, dass Paula heute Abend auf die beiden wartete. Sie würden auf jeden Fall noch kommen und Paula durfte deshalb heute besonders lange aufbleiben. Das darf man ja schließlich an seinem Geburtstag, wenn man schon acht Jahre alt ist.

Endlich klingelte es und Paula rannte zur Tür und flog Onkel und Tante in die Arme. Doch gleich wunderte sie sich, dass die beiden keinen Karton mitbrachten, einen, der in buntes Papier gewickelt war wie an den früheren Geburtstagen oder letztes Jahr zu Weihnachten. Sollten sie vergessen haben, ein Geschenk zu besorgen?

EIN GEHEIMNISVOLLER UMSCHLAG

Bald saßen sie alle zusammen beim späten Abendessen: Paula, Papa, Mama, Tina und Georg. Oma und alle anderen Verwandten waren seit dem Kaffee da gewesen und schon nach Hause gegangen und Kindergeburtstag war erst für nächsten Samstag geplant. Nach dem Abendessen zog Onkel Georg einen großen blauen Umschlag aus der Tasche – er war mit einem goldenen Band verziert – und gab ihn Paula mit feierlichem Gesicht. Sie riss den Umschlag auf und hatte ein schön gemaltes Pappschild in der Hand. Paula begann zu lesen … und da blieb ihr der Mund vor Überraschung offen stehen:

GUTSCHEIN
für eine Reise ins Heilige Land

Paula wusste nicht, was sie sagen sollte. Da erklärte Onkel Georg: „Tina und ich wollen in den kommenden Herbstferien endlich mal wieder nach Israel fliegen. Da ist es im Oktober nicht mehr so heiß. Und wir haben gedacht, Paula, wo du doch jetzt zur Erstkommunion angemeldet bist, sollten wir dich mitnehmen. Wir können zusammen das Heilige Land entdecken, wo Jesus gelebt hat."

Paula schaute, immer noch sprachlos, Papa und Mama an. Die lächelten und nickten: „Ja Paula, wenn du möchtest, darfst du diese Einladung gerne annehmen." Da sprang Paula vom Stuhl und drückte stürmisch einen nach dem andern. Du kannst dir sicher vorstellen, dass Paula an diesem Geburtstagabend erst sehr spät einschlafen konnte, vor lauter Aufregung und Vorfreude.

ISRAEL

Hauptstadt: Jerusalem
Sprachen: Hebräisch, Arabisch
Geld: Neuer (Israelischer) Schekel
Einwohner: ca. 9.000.000

Das ist Tel Aviv. Am Flughafen der Stadt werden wir ankommen.

Oma packt die Angst und Tante Tina hat eine Idee

OMA MACHT SICH SORGEN

Als Paula am nächsten Mittag aus der Schule kam, war Mama noch in der Küche beschäftigt, um das Mittagessen vorzubereiten. Aber Paula hatte noch nicht den Riesenhunger. Sie hatte auch vor dem Essen noch etwas sehr Wichtiges zu erledigen: Sie musste doch dringend und sofort Oma anrufen, um ihr zu erzählen, was für ein tolles Geburtstagsgeschenk sie gestern Abend von Onkel Georg und Tante Tina bekommen hatte. Aufgeregt wählte sie Omas Nummer und nachdem die sich gemeldet hatte, sprudelte Paula sofort los: „Oma, stell dir vor, was Onkel Georg und Tante Tina mir zum Geburtstag geschenkt haben! Sie nehmen mich mit ins Heilige Land, weil ich doch jetzt ein Kommunionkind werde …"

Viel weiter kam sie nicht; denn von Oma war nur ein Aufschrei zu hören: „Wohin? Israel?" Dann hörte Paula gar nichts mehr. „Hallo Oma, bist du noch dran?" Es blieb still im Telefon. Nur einmal meinte Paula, ein tiefes Schnaufen zu hören. Dann endlich sagte Oma in völlig verändertem Ton: „Lass mich mal mit deinem Papa sprechen."

Nach dem Telefonat erzählte Papa, dass Oma Angst hat. Sie habe gehört, dass in Israel geschossen wird und Bomben explodieren. Zum Glück konnte Papa sie beruhigen. Er sagte: Reisen ist immer gefährlich, aber Israel ist wirklich nicht gefährlicher. Das wird in unseren Zeitungen manchmal sehr übertrieben. Alle, die dort waren, bestätigen das. Man geht ja auch in Deutschland nicht ausgerechnet dahin, wo es gerade knallt. Gäste aus dem Ausland sind in Israel sehr willkommen, weil sie ja Geld ausgeben, wovon viele Menschen leben können. Israelis und Palästinenser finden leider immer noch keinen Frieden miteinander, aber gegen Deutsche hat keiner was, schon gar nicht gegen Kinder."

Wusstest du ...
dass Israel auf Hebräisch Medi-
nat Jisra'el heißt? Was der Name
genau bedeutet, ist nicht ganz
geklärt. Er könnte »Gott strahlt«
oder »Gott herrscht«
bedeuten.

PAULA PACKT DEN KOFFER

Paula hatte Reisevorberei-tungen zu treffen. Es konnte nicht schaden, damit schon mal anzufangen. Sie rannte in den Keller, wo die Koffer aufbewahrt wurden. Paula wählte den größten aus, einen Riesenkasten, rot, mit schwarzen Rädern und einem großen Griff zum Ziehen. Schnell flogen in ihrem Zimmer die Schranktüren auf und Paula packte: fünf von den schönsten Pullovern, zwei Anoraks, ungefähr zwölf Paar Strümpfe und natürlich Spielsachen und oben auf den Hügel mit all diesen Sachen natürlich Mirko, ihren Bär, Lisa, ihre Lieblings-puppe, und das kleine Kissen mit Pferden darauf, ohne das sie kaum einschlafen konnte, erst recht nicht, wenn sie nicht in ihrem eigenen Bett schla-fen sollte.

Als nach ungefähr einer Stunde Mama durch die Tür kam, blieb sie wie angewurzelt stehen: „Paula, was machst du denn da?" „Ich packe den Koffer", antwortete Paula in einem Ton, der klang wie: Was für eine blöde Frage! Aber das sagte Paula natürlich nicht; denn sie war im Allgemeinen ein höfliches Mädchen. „Paula, erstens sind es noch über zwei Monate bis zu deiner Reise, zweitens ist es dort im Oktober noch so warm wie bei uns im August. Du brauchst höchstens einen Pullo-ver für die Abende in Jerusalem. Die Stadt liegt achthundert Meter hoch in den Bergen und, so-bald die Sonne untergegangen ist, kann es da schnell kühl werden. Du brauchst hauptsächlich Sommersachen, Sonnenhut und Sonnencreme, Badesachen, Sandalen und feste Schuhe für die Wüste und steinige Wege. Aber das hat alles noch Zeit. Jetzt pack schön alles wieder dahin, wo es hingehört!"

Manchmal schneit es in Jerusalem sogar. Zum Glück sind wir nicht im Winter da.

WETTER IN ISRAEL

Im Oktober ist es in Jerusalem meistens zwischen 19 °C und 25 °C warm. Es regnet selten. **Im Winter** kann es dort allerdings auch kalt werden und manchmal sogar schneien. Im Süden des Landes herrscht ein **heißes Wüstenklima.** Hier ist es auch im Winter warm.

EINE GUTE IDEE

Am folgenden Abend putzte sich Paula gerade die Zähne. Es war Zeit, ins Bett zu gehen. Da schellte das Telefon unten im Flur. Dann hörte sie ihre Mutter die Treppe heraufkommen. „Tante Tina möchte dich sprechen!", sagte sie und reichte Paula den Hörer. Paula konnte kaum „Hallo" sagen, weil sie den Mund voll Zahncreme hatte. Aber da war auch erst mal nicht viel zu reden, denn ihre Tante sprudelte sofort los: „Weißt du, mein Schatz, Georg und ich haben noch einmal über unsere große Reise gesprochen und da habe ich zu ihm gesagt: ‚Es wäre doch für Paula nett, wenn sie nicht nur mit uns Erwachsenen fährt, sondern noch eine Freundin oder einen Freund mitnehmen würde. Das Geld bringen wir auch noch zusammen´ … Was hältst du davon?"

Wusstest du ...
dass Israel
sich in Vorderasien
befindet?

Jakob darf mit.
Ich freue mich so!

Paula brachte wegen der Zahncreme im Mund nur ein „Pooh" heraus und „Ja, das wäre total cool!" „Prima, überleg dir, wen du mitnehmen möchtest, und sag uns dann Bescheid, wenn die Eltern des Kindes einverstanden sind. Und schlaf schön", beendete Tante Tina das kurze Gespräch.

Paula weiß genau, wer mitkommen soll: ihr bester Freund Jakob. Sie machen alles zusammen, nur zum Kommunionunterricht muss Paula alleine, weil Jakob evangelisch ist. Was er morgen wohl sagt, wenn sie ihm davon erzählt? Schade nur, dass es noch so lange dauert, bis es losgeht.

Wie Paula und Jakob vom Herbst in den Sommer flogen

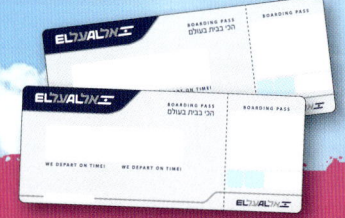

AUCH DIE LÄNGSTE WARTEZEIT GEHT EINMAL ZU ENDE

Endlich kommt der Morgen, an dem es losgehen soll. Es ist noch dunkel, als Paula an Mamas Hand auf den Bahnsteig im Hauptbahnhof kommt. Ein bisschen hat sie doch mit den Tränen zu kämpfen. Fast zwei Wochen ohne Mama und Papa! Zum Glück sieht Jakob ihre Tränen nicht. Da steht er mit seinem Koffer und dem Rucksack auf dem Rücken neben seiner Mutter, die sich gerade irgendetwas aus den Augen wischt.

Jetzt kommt im Gewühl der Reisenden Tante Tina in Sicht und gleich hinter ihr Onkel Georg. Papa gibt ihm Paulas Koffer und hilft beim Einsteigen in den ICE, der sie direkt zum Flughafen bringen wird. Zum Abschied küsst Paula Mama und Papa immer wieder. Eine dicke Träne rollt ihr jetzt doch über die Wange. Als Mama das sieht, ist es um ihre Fassung geschehen. Sie muss ein Taschentuch herausholen, aber sie lächelt ihrer Tochter unter Tränen zu: „Ich freue mich so für euch. Es wird bestimmt sehr schön." Dann macht sie Paula ein kleines Kreuz auf die Stirn – wie jeden Abend vor dem Schlafengehen. Jakob drückt seine Mutter besonders fest. „Der liebe Gott wird schon auf euch aufpassen!", sagt Papa noch, als bereits die Lautsprecherstimme die Abfahrt ankündigt. Im Zug neben Jakob und zwischen Tina und Georg geht es Paula bald besser. Gegen den Abschiedsschmerz holt Tina jetzt eine große Tüte voll bunter Gummibärchen aus ihrer Reisetasche. Die teilen sich die Kinder.

So sieht die Flagge von Israel aus. Der Stern in der Mitte heißt Davidstern.

TEL AVIV

Einwohner: 451.500
Bekannt für: die vielen modernen Häuser, wegen derer Tel Aviv auch die weiße Stadt genannt wird
Das könnte dir gefallen: Die Stadt liegt direkt am Meer und hat einen schönen Strand. Außerdem ist der Gan HaSlaim-Felsengarten sehenswert.

AM FLUGHAFEN

Ach du liebe Güte, was für ein Gewimmel von Menschen hier auf dem Flughafen! Mit Hunderten von Fluggästen stehen sie schließlich in der Schlange, bis sie endlich an einem Schalter die Koffer abgeben dürfen. Es gibt strenge Kontrollen zur Sicherheit. Ihre Taschen werden durchleuchtet, und auch die Kinder werden abgetastet. Fast zwei Stunden vergehen, bis sie endlich in den Flieger nach Tel Aviv einsteigen dürfen. Die Kinder staunen, wie viele Menschen in so eine Maschine passen. Jakob freut sich, dass er von einem kleinen Fernseher für Paula ablesen kann, wie viele Kilometer es noch bis zum Zielflughafen sind und wie hoch sie gerade fliegen. „Booh", sagt Paula, „jetzt sind wir wirklich schon 10000 Meter hoch? Zehn Kilometer, so weit ist es von unserm Haus bis zum Reiterhof vor der Stadt!" Paula hat einen Kopfhörer übergestreift und klickt durch die Hörprogramme, auch ein Kinderstück ist dabei. Dazwischen verfolgt sie mit Jakob das Fernsehprogramm. Dann bekommen alle ein Tablett mit einem leckeren Mittagessen.

Kurz nach der Landung sagt Onkel Georg: „So Kinder, jetzt könnt ihr ruhig eure Pullover ausziehen. Wir sind aus dem Herbst in Deutschland in den Sommer zurückgekommen."

Wusstest du ... dass ein Flug von Deutschland nach Israel ca. 3,5 Stunden dauert?

ENDLICH ANGEKOMMEN

Nach ungefähr zwei Stunden, es ist schon fast dunkel, sind sie endlich am Ziel: am See Gennesaret, der ersten Station ihrer Reise.

Ganz still ist es hier, abseits der lauten Straßen. Man hört nur noch ein paar Vögel zwitschern. Das Pilgerhaus Tabgha des „Deutschen Vereins vom Heiligen Lande" gibt es schon seit 1889. Wie viele Jahre sind seitdem vergangen? Die Kinder sind jetzt zu müde, das noch auszurechnen. Aber du kannst das vielleicht ganz schnell …

Wusstest du … dass zur Zeit Jesu über 4000 Schiffe auf dem See Gennesaret genutzt wurden?

Nach dem Abendessen gehen alle vier, so müde sie sind, noch die paar Schritte an den See. Die Wellen klatschen leise ans Ufer und drüben leuchten jetzt wunderschön wie Perlenketten die Lichter der Stadt Tiberias. Sie ist die größte hier und die Hauptstadt von ganz Galiläa. Ein paar Wasservögel sind noch munter und hoch oben glitzern so viele Sterne, wie die Kinder in Deutschland noch nie gesehen haben. Zusammen singen sie ein Abendlied, das Onkel Georg angestimmt hat, und danken für die glückliche Ankunft. Waren sie wirklich erst heute Morgen zu Hause abgefahren?

Jakob und Paula fallen fast in ihre Betten. Durch das offene Fenster hören sie ein Zirpen, das nicht enden will. „Ich glaube, das sind Grillen … oder Zikaden", murmelt Jakob, aber Paula ist schon eingeschlafen.

Schreiben mit hebräischen Buchstaben

Paula hat festgestellt, dass die hebräischen Buchstaben ganz anders aussehen als unsere. Tante Tina hat eine Tabelle für sie:

A = אָ (Aleph)	J = י (Jod)	S = שׂ (Sin)
B = ב (Beth)	K = ק (Qaph)	Sch = שׁ (Schin)
C = כ (Kaph)	L = ל (Lamed)	T = ט (Taw)
D = ד (Dalet)	M = ם (Mem)	U = ו (Schúreq)
E = עֶ (Ajin)	N = נ (Nun)	V = פ (Pe)
F = פ (Pe)	O = וֹ (Waw)	W = ו (Waw)
G = ג (Gimel)	P = פ (Pe)	X = זכ (Kaph, Zajin)
H = ה (He)	Q = ק (Qaph)	Y = י (Jod)
I = י (Jod)	R = ר (Resch)	Z = צ (Sade)

Man muss daran denken, von rechts nach links zu schreiben.

Paula sieht dann so aus:

פָּאוּלָא

Versuch doch mal, deinen Namen zu schreiben

Das Land der Bibel

Kannst du dir vorstellen, wie es heute im Land der Bibel aussieht? Hast du eine Lieblingsge-
schichte aus der Bibel? Welchen Ort würdest du gerne besuchen? Male ein Bild davon.

Brotvermehrung

PITA-BROT ZUM FRÜHSTÜCK

Das Frühstück schmeckt in dem hellen Speisesaal mit Blick auf den See, der im Morgenlicht glitzert. Paula nimmt sich einen Teller und legt eine Pita drauf, dazu ein Ei und etwas Käse. Sie mischt sich frisch gepressten Saft von Pampelmusen mit etwas Wasser. Onkel Georg, der Religionslehrer ist, weiß etwas Interessantes über die Pita-Brote: „So ähnlich können wir uns die Brotfladen vorstellen, die Jesus mit seinen Freunden teilte. Der Teig wurde einfach auf heiße Steine gelegt, unter denen schon ein Feuer brannte, eine ganz einfache Art zu backen." Paula füllt ihre Pita mit dem Käse und mit Gurkenscheiben. Lecker! Jakob packt lieber etwas Wurst hinein.

PITA-BROTE

Zutaten: 500 g Mehl, 15 g Trockenhefe, 300 ml Wasser (lauwarm), 1 Teelöffel Salz, 3 Esslöffel Olivenöl

So geht's: Löse die Hefe im Wasser auf und gib dann die anderen Zutaten dazu. Verknete die Masse zu einem festen Teig, bedecke sie mit einem feuchten Tuch und lass sie eine Stunde ruhen. Dann rollst du den Teig zu einer 2 cm dicken Rolle. Schneide daraus Scheiben und rolle diese zu kleinen Kugeln. Decke diese wieder zu und lass sie 15 Minuten ruhen. Rolle die Kugeln zu ovalen Scheiben aus, streue etwas Mehl auf ein Backblech und backe die Fladen bei ca. 250 °C für ca. 10 Minuten im Ofen.

IM KLOSTERGARTEN

Nach dem Frühstück gehen sie durch die Plantagen des Klosters. Da wachsen Oliven, Zitronen und Pampelmusen und auf etwa 2000 kleinen Bäumen Mangos. „Oh, die mag ich auch gerne", sagt Jakob. Dann kommen sie zu einer sehr schönen Kirche. Im Vorhof gibt es ein Becken mit grün schillerndem Wasser. Sie betrachten die Goldfische und die Kois, die darin schwimmen. Plötzlich stecken zwei Wasserschildkröten ihre Köpfe aus dem Wasser, und weil ihnen die Kinder wohl nicht gefährlich erscheinen, krabbeln sie auf die Steine am Rand, um sich ein wenig zu sonnen. Aber außer den Tieren sind noch viel mehr Menschen hier. Deshalb gehen unsere vier aus dem Gedränge zu einem stillen Plätzchen an der Seite der Kirche.

DIE BROTVERMEHRUNG

Onkel Georg liest die Geschichte von der wunderbaren Brotvermehrung vor. Jesus hatte also eine Stelle gesucht, wo er mit seinen Freunden einen ruhigen Tag verbringen konnte; denn sie fanden nicht einmal Zeit zum Essen, so zahlreich waren die Leute, die kamen und gingen. Als sie aber mit dem Boot ans Ufer kamen, warteten schon wieder viele Menschen auf sie. Die hatten wohl beobachtet, wohin Jesus mit dem Boot gestartet war. Und auf der Uferstraße waren sie schneller zu Fuß als die Jünger Jesu beim Rudern. „Als er ausstieg, sah er die vielen Menschen und hatte Mitleid mit ihnen", liest Onkel Georg, „denn sie waren wie Schafe, die keinen Hirten haben. Und er lehrte sie lange." Und am Abend hat er dann hier am Ufer mit fünf Broten und zwei Fischen ihren Hunger gestillt.

Der Flamingo küsst einen Klippdachs.

Wusstest du …
dass ein Klippdachs so ähnlich aussieht wie ein Meerschweinchen, aber so groß wird wie ein Kaninchen? Klippdachse gibt es vor allem in Afrika und Vorderasien.

EIN GANZ BESONDERES BILD

„Kommt, Kinder, ich zeige euch was!" Vor dem Altar in der Kirche sehen sie auf dem Fußboden ein Mosaik. „Das kenn ich!", ruft Paula viel zu laut in die Kirche. „Das ist in meinem Religionsbuch." „Ja", sagt Onkel Georg, „es ist inzwischen weltberühmt geworden: Der Brotkorb mit den beiden Fischen daneben. Stellt euch vor, es ist erst vor ungefähr 90 Jahren wieder ausgegraben worden. Davor lag es 1300 Jahre unter Schutt und Erde begraben. Als die Christen im 7. Jahrhundert die Kirche hier verlassen mussten, zerfiel sie. Die Kirche, in der wir jetzt stehen, wurde erst vor etwa 40 Jahren über den alten Fußboden gebaut. Schaut nur mal, wie herrlich die anderen Mosaiken sind." Jetzt erst merken die beiden, dass der Boden der Kirche an vielen Stellen wie ein wunderschöner Steinteppich aussieht. Sie sehen Enten und Störche, Blüten, Sträucher und an der Tür ein dickes braunes Tier, das wie ein Mopshund aussieht oder wie ein Biber. „Das ist ein Klippdachs", erklärt Onkel Georg, „der Flamingo drückt ihm gerade einen Kuss auf die Nase. Wenn wir Glück haben, werden wir dieses Tier hier draußen zwischen den Ufersteinen noch in diesen Tagen sehen!" „Warum sind die denn hier alle abgebildet?", will Jakob wissen. Onkel Georg denkt einen Augenblick nach und sagt dann: „Ich vermute mal, dass der Künstler damals alle Pflanzen und Tiere, die hier am See lebten, in die Kirche holen wollte, zum Lob Gottes, der uns nicht verhungern lässt."

EINE KNIFFLIGE FRAGE

„Jetzt habe ich aber noch eine schwere Frage an unser Kommunionkind: Paula, zähl mal die Brote im Korb am Altar!" Paula zählt. Einmal, zweimal. „Es sind nur vier", sagt sie schließlich. „In der Bibel waren es doch fünf, das hast du eben vorgelesen. Ist vielleicht eins unter die anderen gerutscht?" „Vielleicht", sagt Onkel Georg, „aber vielleicht will der Künstler uns noch etwas viel Schöneres sagen: Das fünfte Brot liegt oben auf dem Altar. Jeden Morgen, wenn die Mönche hier die heilige Messe feiern, liegt da eine Hostie, fast genauso groß wie eine Brotscheibe in dem Korb.

Sie wird für uns verwandelt. In diesem Brot nehmen wir Jesus selbst zu uns. Er stillt jeden Hunger, nicht nur den im Magen. Seht ihr die vielen Leute hier? Sie kommen aus vielen Ländern der Erde. Überall glauben Menschen, dass Jesus unser Brot wird, wenn wir sein heiliges Mahl feiern. Das ist das größte Wunder. Brotvermehrung seit Jahrhunderten. Der eine Jesus gibt bis heute Millionen von Menschen Kraft zum Leben."

Wusstest du … dass ein Mosaik ein Bild ist, das aus vielen kleinen Steinchen besteht?

Das berühmte Mosaik mit Broten und Fischen

Im Garten am See

EIN BAD IM KLOSTER-GARTEN

Heute Nachmittag gehen die vier in den herrlichen Garten des Klosters. Durch ihn fließt Wasser aus einer Quelle. Man kann sich gut vorstellen, dass die Leute hier gerne mit Jesus zusammenblieben. Durst mussten sie jedenfalls nicht haben. Das Quellwasser ist im Klostergarten in einem langen Becken aufgestaut. Jetzt dürfen die Kinder ihre Badesachen anziehen und hineinspringen. Sie schwimmen unter den Palmen und den blühenden Bäumen. Wie das erfrischt in der Hitze!

Nach dem Abtrocknen sammelt Paula schöne Blüten und Blätter. Ein Strauch hat Blüten, die sie besonders schön findet. „Das ist ein Hibiskus", sagt Tante Tina. „Das werden jetzt meine Lieblingsblumen", verkündet Paula und streichelt zärtlich über einen Blütenstängel. Jakob ist voll im Einsatz mit seinem Fotoapparat. Den hatte er zu Weihnachten bekommen und kann nun gar nicht genug Aufnahmen machen.

Hibiskusblüten sind meine neuen Lieblingsblumen.

FREIWILLIGE HELFER

Überall im Garten stehen große Zelte für die Jugendlichen, die hier im Sommer zu Gast sind. Im „Beit Noah" gibt es sogar richtige Schlafräume und eine Küche. Hier können sich auch behinderte Menschen ein paar Tage erholen, ganz gleich, woher sie kommen und welcher Religion sie angehören. Für die behinderten Kinder gibt es einen Spezial-Spielplatz, wo sie sich, wenn sie mal herunterplumpsen, nicht so leicht verletzen können. Aus Deutschland und aus Amerika sind junge Männer und Frauen hier, die freiwillig und ohne Bezahlung ein Jahr bei der Betreuung der Gäste und der Pflege der Anlagen helfen. Wie sollten die paar Mönche das alleine schaffen? „Wirklich", sagt Tante Tina, „wieder eine wunderbare Art von Brotvermehrung!"

Überall im Garten zwitschern bunte Vögel aller Arten, wie die Kinder sie bisher nur aus dem Vogelpark kannten. Einer von ihnen macht Paula auf den Kopf. „Das bringt Glück!" lacht Onkel Georg. „So sagt man jedenfalls hier im Orient. Den Klacks kannst du gleich im See wieder abwaschen."

Auf dem Weg zum Ufer kommen sie an hohen Dattelpalmen vorbei. Die Früchte sind aber noch nicht reif. Jakob wundert sich, dass die Eukalyptusbäume, die hier überall wachsen, nicht so riechen wie Eukalyptusbonbons. Er würde so gerne mal auf einen Baum raufklettern, aber die haben unten keine Äste, auf denen man anfangen könnte.

Ein Klippdachs sonnt sich auf einem Stein. Ist er nicht süß?

Wusstest du …
dass reife Datteln gold- bis dunkelbraun sind? Dann sind sie ganz weich und süß.

AM SEEUFER

Am Seeufer setzen sie sich auf dicke Basaltbrocken, die von der Sonne aufgewärmt sind. In tausend Funken glitzert die Sonne auf dem Wasser. „Jesus hat eine sehr schöne Gegend ausgesucht, um die Frohe Botschaft zu verkünden", sagt Tante Tina leise. Das finden die drei anderen auch, aber keiner sagt etwas, sie hören alle auf die Stille.

Plötzlich stupst Onkel Georg Paula an: „Psst", er legt den Finger auf den Mund. „Da vorne sonnt sich ein Klippdachs. Kommt, wir schleichen uns an." Erst als Jakob auf ein trockenes Ästchen tritt, springt der Klippdachs weg. „So einen habt ihr heute Morgen auf dem Fußboden im Mosaik gesehen", sagt Onkel Georg. Die gab es also

Ein Kreuz am Ufer des Sees.

schon immer hier. „Dürfen wir denn jetzt auch mal in den See?", fragt Jakob. „Das machen wir besser morgen früh zusammen", entscheidet der Onkel. „Am Pilgerhaus drüben können wir vor dem Frühstück schon zum Badeplatz gehen. Aber fühlt mal, ob euch das Wasser nicht zu kalt ist." „Das ist ja fast wie im Thermalbad", stellt Jakob fest.

Dann sammeln sie am Ufer Steine in vielen Farben und Formen und kleine Schneckenhäuser, die oben spitz zulaufen. Sie müssen ja so vielen Leuten etwas mitbringen, ein kleines Stück vom Heiligen Land.

SEE GENNESARET

Länge: 21 km
Breite: 13 km
Tiefste Stelle: 43 m
Wassertemperatur: zwischen 16 °C im Januar und 32 °C im August
Bekannt für: die starken Stürme, die entstehen, wenn kalte Luft aus den Bergen mit warmer Luft aus dem Süden zusammenstößt

Wusstest du ...

dass der Name Tabgha auf Deutsch »Siebenquell« bedeutet?

Der große Auftrag für Simon

SCHWIMMEN IM SEE

Am nächsten Morgen geht Onkel Georg wirklich mit den Kindern ganz früh zum Seeufer. Tina ist noch zu müde. Weil sie ihre Badesachen schon im Haus angezogen hatten, können sie sich direkt am steinigen Ufer abkühlen. Toll, dass sie beide schon schwimmen können. Mit dem Onkel trauen sich Paula und Jakob ein Stück in den See hinein. „Morgen können wir, wenn ihr wollt, noch etwas früher kommen. Den Sonnenaufgang im Wasser zu erleben. Ein Erlebnis, das man nicht vergisst", schwärmt Georg.

Nach dem Frühstück brechen sie bald auf. „Bevor es richtig heiß wird, sollten wir auf dem Berg sein", sagt Georg, „aber zuerst gehen wir in Nachbars Garten." Als Paula ihn fragend ansieht, erklärt er: „Hier drüben gibt es noch einen großen Garten mit Quellwasser und eine ganz besondere kleine Kirche."

Wusstest du ...
dass viele Freunde von Jesus und die Menschen, die ihm zugehört haben, Fischer oder Bauern waren? Deswegen erzählte Jesus oft Geschichten, die mit diesen Themen zu tun haben. So konnten die Menschen ihn besser verstehen.

Auch in der Kirche gibt es einen riesigen Felsen.

MENSA CHRISTI

DAS PETERS-KIRCHLEIN **Wie viele alte Häuser hier ist auch das „Peterskirchlein"** aus den schwarzgrauen Basaltsteinen gebaut, die man überall herumliegen sieht. Ein Basaltfelsen ist auch drinnen vor dem Altar zu sehen. Hier am See, so erzählt der Evangelist Johannes in seinem letzten Kapitel, hat Jesus einem seiner ersten Freunde einen großen Auftrag erteilt, dem Fischer Simon. Er hatte ihm schon einen zweiten Namen gegeben: Kephas, das heißt „Fels". Auf Lateinisch sagt man Petrus. Ein Felsenmann sollte Simon sein, felsenfest

zu Jesus halten und die anderen bestärken, auch seine Freunde zu bleiben, egal was kommt.

Als sie wieder aus der kleinen Kirche in die Sonne kommen, hören sie Gesang in einer unbekannten Sprache. „Seid leise", sagt Onkel Georg. „Da drüben feiert eine Gruppe die heilige Messe, da unter den Bäumen. Wir wollen sie nicht stören."

Hier, wo jetzt die Kirche steht, soll Jesus Simon seinen Auftrag erteilt haben.

Wusstest du ...
dass sich Basaltstein häufig bei Vulkanausbrüchen bildet? Die Steine sind zwar schwer zu bearbeiten, dafür halten sie aber besonders lange.

DIE GESCHICHTE VON SIMON

Dann setzen sich die vier auch in den Schatten eines riesigen Baumes mit Blick auf den See. Onkel Georg schlägt seine Bibel auf, die er jetzt meistens griffbereit bei sich hat. Paula und Jakob hören gespannt zu. Ja, hier kann man sich gut vorstellen, was der Johannes da erzählt. Sieben Freunde von Jesus, schreibt er, hatten angefangen, wieder ihrem Beruf als Fischer nachzugehen: Hier, wo durch die nahen Quellen das Seewasser besonders warm und frisch ist und deshalb Fische anzieht. Hier also sollte wieder der Alltag beginnen. Jesus war gekreuzigt worden. Alles mit ihm war nur ein schöner Traum gewesen. Er war tot.

Am Ufer hatten sie im Morgengrauen einen Mann gesehen. Der hatte zu den Booten herübergerufen: „Kinder, habt ihr nicht etwas zu essen?" Johannes war es, der den Jesus besonders lieb hatte, vielleicht weil er der Jüngste von den Zwölf war. Johannes hatte als Erster den Durchblick: „Es ist der Herr!" So hatte er dem Simon zugeflüstert. Der, schnell entschlossen wie immer, war in den See gesprungen und Jesus entgegengeschwommen oder auch -gerannt, weil das Wasser am Ufer flach war. Der Mann am Ufer hatte gesagt: „Kommt her und esst!" Und er hatte sie an einem Feuer zu Brot und gebratenem Fisch eingeladen. Sie hatten miteinander geteilt und gegessen und nicht gewagt zu fragen: „Wer bist du?" Denn sie wussten, dass es der Herr war." Jesus war von Gott mit einem ganz neuen Leben beschenkt worden und an diesem Morgen für sie da, am Ufer des Sees, wo sie sich damals kennengelernt hatten.

Nach dem Frühstück schaute Jesus den Simon ganz feierlich an: „Simon, Sohn des Johannes, liebst du mich?"

Ganz verdattert hatte der geantwortet. Das war doch wohl klar, dass er Jesus sehr lieb hatte – oder doch nicht? Dann hatte Jesus noch zweimal gefragt, die gleiche Frage. Ach ja, da fiel es dem Simon schwer auf die Seele: Dreimal hatte er neulich nachts, als Jesus verhaftet worden war, gesagt: „Jesus? Nein, den kenne ich nicht." Solche Angst hatte er gehabt, dass sie ihn gleich mit Jesus ans Kreuz schlagen würden. Er war sehr feige gewesen. Aber Jesus hatte ihm das wohl verziehen; denn er sagte jetzt zu ihm: „Weide meine Schafe!" Simon sollte alle zusammenhalten, die zu Jesus gehören – wie ein Hirt seine Herde. Jesus gab ihm den Auftrag und die Kraft dazu, trotz allem, was geschehen war.

> Das ist ein altes Bild von Simon Petrus. Onkel Georg hat es mir in einem Buch gezeigt. Ich stelle mir den Freund von Jesus aber ganz anders vor.

WER IST DER PAPST?

Katholische Christen glauben, dass der Papst in Rom Nachfolger des Simon Petrus ist.

„Und was ist mit uns Evangelischen?", fragt Jakob sofort. Onkel Georg muss etwas nachdenken, dann sagt er: „Der Papst ist in der Welt von heute oft ein Sprecher für alle Christen, nicht nur für uns Katholiken. Viele sagen: Er soll ein Pontifex sein, ein Brückenbauer."

SIMON PETRUS

Gedenktag:
29. Juni
Name bedeutet:
der Fels
Erkennungszeichen:
Schlüssel, Hahn

Zum »Berg der Seligkeiten«

MÜHSAMER AUFSTIEG

„So, jetzt wird es aber Zeit!", **mahnt Onkel Georg zum Aufbruch.** Der Weg auf den Berg ist steinig und am Anfang auch steil. Gut, dass sie heute feste Schuhe angezogen haben. Jeder Schritt wirbelt etwas Staub auf. Jetzt, im Oktober, ist alles sehr trocken, denn es hat fast sechs Monate nicht mehr geregnet. Auf der rechten Seite taucht eine Bananen-Plantage auf. „Die müssen wir unbedingt fotografieren", sagt Tante Tina, „ich wette, bei uns zu Hause gibt es Kinder, die nicht wissen, wie Bananen wachsen. Jakob, hast du deine Kamera dabei?"

Hier stehe ich vor einer Bananenstande.

Wusstest du ...

dass eine Bananenpflanze nur einmal in ihrem Leben Früchte trägt und dann abstirbt? Zum Glück bildet sie Schösslinge, aus denen neue Stauden wachsen.

Nach dem Foto mit Paula vor den Bananenstauden bleiben sie an einem großen Strauch stehen, der viele kleine gelbe und grüne Früchte trägt. „Das sind Kichererbsen", sagt Tina. Da muss Paula lachen: „Muss man kichern, wenn man die in den Mund nimmt?" „Nein!", lacht jetzt auch Tina: „Die gab es heute Morgen auf dem Frühstücksbuffet, erinnerst du dich nicht, die hellbraune Paste? Hummus sagt man hier, den müsst ihr auf jeden Fall probieren."

> Hmmmm! Kichererbsen sind richtig lecker. Besonders Hummus schmeckt mir gut.

Endlich sind sie oben auf dem Berg. Die „Kirche der Seligkeiten" liegt in einem großen Park voll bunter Blumenbeete. Man kann hier an schattigen Plätzen Gottesdienste feiern und in der Bibel lesen. Eine freundliche italienische Schwester sagt ihnen, wo sie jetzt sitzen können, verschwitzt wie sie sind.

Wusstest du ...

dass man aus Kichererbsen nicht nur Hummus oder Eintopf machen kann? In vielen Ländern werden sie auch geröstet und wie Nüsse gegessen.

> Die Kirche ist aus weißen und schwarzen Steinen gebaut. Besonders gut gefallen hat mir die runde Kuppel auf dem Dach.

WAS IST „SELIG"?

Onkel Georg liest ganz langsam den Anfang der „Bergpredigt". Jeder Satz beginnt mit dem Wort „Selig …"

„Was heißt eigentlich ‚selig'? fragt Paula dazwischen. Onkel Georg lässt seine Bibel in den Schoß sinken und fragt zurück: „Wann bist du sehr froh, Paula, ganz glücklich? Beim Eisessen, beim Schwimmen? Wenn deine Mama dich in den Arm nimmt?" Paula denkt nach. „Beim Reiten", sagt sie. ‚Selig' heißt also ‚total glücklich.', fasst Onkel Georg zusammen. Dann fängt er noch einmal an: „Selig, die arm sind vor Gott; denn ihnen gehört das Himmelreich … Selig die Sanftmütigen; denn sie werden das Land erben …"

Auf meinem Wunschzettel stehen aber andere Sachen, denkt Paula, doch die feierlichen Worte gehen ihr irgendwie ans Herz. „Selig, die Frieden stiften; denn sie werden Kinder Gottes genannt werden …" Ja, das möchte sie: Auf dem Schulhof in der Pause oder nachmittags auf dem Spielplatz um die Ecke, wenn es wieder mal Krach gibt, dann will sie daran denken. Friedenstifter braucht man überall.

BERGPREDIGT

In der Bergpredigt hat Jesus den Menschen die Dinge gesagt, die **für ein gutes Leben wichtig** sind. All diese Dinge sind für uns noch heute wichtig.

Er hat auch zu seinen Zuhörern gesagt: **Ihr seid das Salz der Erde.** Probiere mal aus, wie kräftig ein paar kleine Salzkörner schmecken. Ohne sie ist das Essen fad und langweilig.

EIN WARMES HERZ

Jakob denkt an seinen Vater, den er so selten sieht. Ja, er wäre ganz glücklich, wenn er mit ihm wieder zusammenwohnen könnte, aber leider hat der jetzt eine andere Frau. Das ärgert Jakob, obwohl sie eigentlich ganz nett ist. „Selig die Barmherzigen …" hat er da gerade gehört. Das klingt wie „warmherzig". Vielleicht ist dieses Wort für ihn? Jakob hätte gern ein warmes Herz für seinen Vater, trotz allem, und auch für die neue Frau.

Dann gehen sie in die Kirche. Gerade kommt eine große Gruppe bunt gekleideter Afrikaner mit ihnen herein. Vor dem Altar stimmt Onkel Georg an: „Lobet und preiset ihr Völker den Herrn … All ihr Völker, lobet den Herrn!" Das singen unsere vier, sogar zweistimmig. Es ist ein Kanon. In dem hohen Raum klingt das besonders gut und alle Afrikaner werden ganz still. Dann singen die auch ein sehr schönes Lied in ihrer Sprache. Die italienische Schwester schenkt Paula und Jakob am Ausgang ein Bildchen von der Kirche. Kinder sieht sie selten hier oben. Onkel Georg schickt Jakob auf den Balkon, der rings um die Kirche wunderschöne Ausblicke auf den See und die Berge bietet: „Ein Festessen für deine Kamera", sagt er lachend. Am Kiosk kauft Tante Tina für alle ein großes Eis am Stiel. Da können sie noch besser durch die Hitze den Berg wieder heruntergehen. Im Klostergarten von Tabgha wollen sie Picknick machen und dann im kühlen Quellwasser baden.

Tiere und Pflanzen im Heiligen Land

Im Heiligen Land gibt es viele verschiedene Tiere und Pflanzen. Einige haben Paula und Jakob schon entdeckt. Hier siehst du einige weitere. Kannst du die Namen zuordnen?

Wusstest du ... dass es früher auch Löwen und Braunbären in Israel gab? Sie sind inzwischen aber ausgestorben.

Grüne Smaragdeidechse	Granatapfelbaum
Asiatischer Wildesel	Steppenschnecke
Afghanfuchs	Tristramstar
Steppenkiebitz	Feuersalamander
Aleppo-Kiefer	Mesopotamischer Damhirsch
Arabische Sandrasselotter	Mandelbaum
Steinbock	Kaktus

Wusstest du …
dass es in Israel auch einige giftige Schlangen gibt? Zum Glück sind Jakob und Paula keinen begegnet.

Auf dem See

> Der See ist riesig. Ich kann mir gut vorstellen, dass die Männer bei einem starken Sturm Angst bekommen haben.

MIT DEM BOOT AUF DEM SEE

Am nächsten Morgen geht es nach Tiberias. So heißt seit ungefähr 2000 Jahren die größte Stadt hier am See. In den Evangelien wird er deshalb auch manchmal der „See von Tiberias" genannt. Natürlich wollen die Kinder unbedingt auch mal auf das Wasser. Aber wo sollen sie ein Boot hernehmen? Sobald das Auto auf einem großen Parkplatz abgestellt ist, schlendern sie zum Hafen. Ah, da liegt ja ein riesengroßes Boot. Fröhlich wollen sie einsteigen, aber ein Mann versucht ihnen auf Englisch klarzumachen, dass eine große Reisegruppe das Boot für sich bestellt hat. Was tun? Schließlich finden sie an einer anderen Anlegestelle einen freundlichen Menschen, der ihnen ein Motorboot vermieten will. „Lieber hätte ich ja ein Ruderboot", sagt Onkel Georg, „die ersten Freunde von Jesus hatten auch keinen Motor an ihren Fischerbooten. Aber da wir nicht segeln können, kommen wir mit dem hier schneller voran."

Ob so das Boot von
Jesus und seinen
Freunden ausgesehen
hat?

Alle genießen die Fahrt durch die schaukelnden Wellen, auch die Wasserspritzer machen Spaß. In unzählbaren Funken glitzert die Sonne auf dem Wasser. Jakob darf auch mal lenken, mit Onkel Georgs Hilfe. Da ist er sehr stolz. In der Seemitte stellt Georg plötzlich den Motor aus. Es wird ganz still. Man hört nur noch das Plätschern der Wellen und das Schreien der Möwen.

DER GROSSE STURM

Onkel Georg schlägt die Bibel auf und liest, was die Jünger mit Jesus hier erlebten: Vom Sturm auf diesem See, bei dem sie solche Angst bekamen und sich über Jesus aufregten, denn er „lag hinten im Boot auf einem Kissen und schlief" – als wäre nichts. Und als sie ihn schließlich wachgerüttelt hatten, sagte er auch noch: „Warum habt ihr solche Angst? Habt ihr noch keinen Glauben?"
Paula denkt: Ich hätte auch Angst gehabt, aber wenn Jesus dabei ist ...

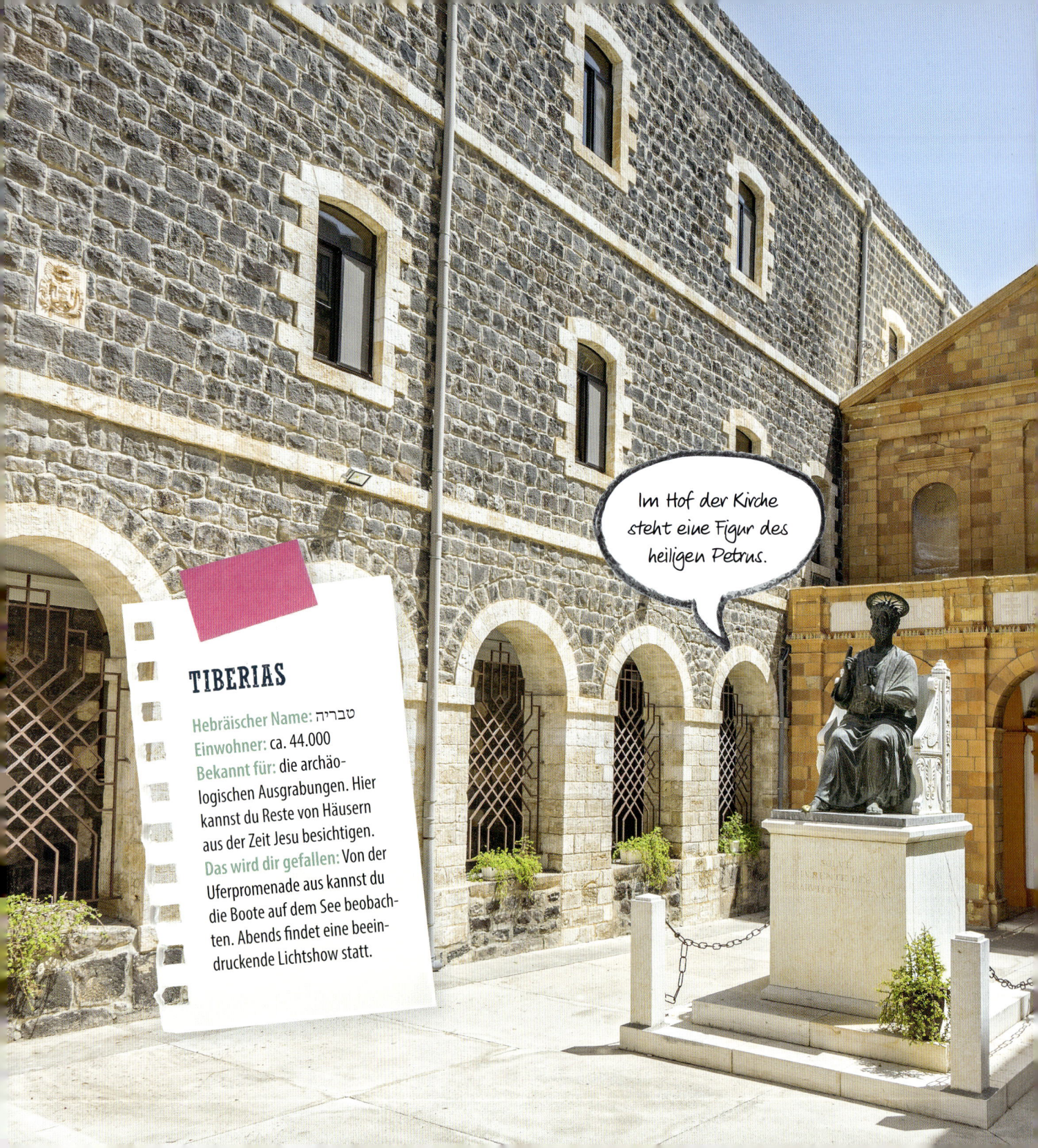

TIBERIAS

Hebräischer Name: טבריה
Einwohner: ca. 44.000
Bekannt für: die archäo-
logischen Ausgrabungen. Hier
kannst du Reste von Häusern
aus der Zeit Jesu besichtigen.
Das wird dir gefallen: Von der
Uferpromenade aus kannst du
die Boote auf dem See beobachten. Abends findet eine beein-
druckende Lichtshow statt.

ZURÜCK AN LAND

Später gehen sie zu der kleinen Peterskirche, gleich an der Uferstraße. Sie sieht vorne wirklich aus wie ein umgestülptes Boot, deutlich kann man den Bug erkennen. Das kleine Kloster daneben war zeitweise ein Pferde- und Eselstall. Jetzt wohnen dort wieder junge Frauen und Männer in einer Klostergemeinschaft. Sie kümmern sich um die Christen in Tiberias und um die Gäste aus aller Welt. Einer von ihnen, ein netter Amerikaner in Jeans, zeigt ihnen die Figur des heiligen Petrus im Hof: „Genau wie in Rom", erklärt er. In der Kirche liest Onkel Georg vor, wie Jesus dem Fischer Simon sagt: „Fürchte dich nicht!" Das hat ihm immer wieder Kraft gegeben, bis er in Rom gekreuzigt wurde – wie Jesus, nur mit dem Kopf nach unten. Er hielt sich nicht für würdig, genau wie Jesus zu sterben.

Wusstest du ...

dass die Gegend um den See Galiläa hieß? Dort verbrachte Jesus einen großen Teil seines Lebens. Weiter südlich lagen Samaria und Judäa mit der Hauptstadt Jerusalem.

Mittags essen sie am Hafen. Zuerst teilen sie einen der kleinen Brotfladen, die schon auf dem Tisch liegen. Paula singt: „Wenn jeder gibt, was er hat, dann werden alle satt." Dann gibt es gebratenen „Petrus-Fisch". Er sieht genauso aus wie auf dem Mosaik in der Brotvermehrungskirche drüben in Tabgha. „Fische verändern sich eben in 1500 Jahren kaum", lacht Tante Tina.
Ständig streichen magere kleine Katzen um ihre Beine, die den gebratenen Fisch gerochen haben.
Jakob und Paula sorgen für sie, aber auch für die kleinen Fische. Hunderte tummeln sich gleich neben dem Esstisch unten im Hafenwasser, sobald die Kinder kleine Stückchen von dem Brot hineinwerfen.

Auf dem Berg Karmel

DIE KAPELLE AUF DEM BERG

Heute ist die kleine Reisegruppe auf den Berg Karmel gefahren. Hier oben ist die Luft herrlich klar, voll vom Duft der zahllosen Pinien. Sie stehen auf dem Dach eines kleinen Klosters und bestaunen die Aussicht: Im Westen kann man das Mittelmeer erkennen, im Osten bei Nazaret den Berg Tabor und im Norden schlängelt sich durch die weite Ebene der Kischonbach. Sein Wasser sieht man nicht, aber Onkel Georg erklärt: „Seht doch, die grüne Linie, das sind die Sträucher an beiden Ufern. Woher sollen die sonst hier Wasser bekommen?" „Aber da sind doch kleine Seen", wendet Jakob ein. „Das sind Staubecken", erklärt der Onkel, „das Wasser aus dem See Gennesaret ist mehr als 200 Meter hochgepumpt worden, damit hier Landwirtschaft möglich ist."

Dann gehen sie in die schöne Kapelle. Aus zwölf braun-weißen Felsbrocken ist der Altar gebaut. „Das soll an Jakob erinnern, den Stammvater des Volkes Israel, und seine zwölf Söhne. Er lebte vor weit über 3000 Jahren. Und du hast den gleichen Namen!", sagt Onkel Georg zu Paulas Freund. Die Steine mussten nicht von weit hergeschafft werden. Die ganze Gegend hier ist damit übersät. Das Kreuz am Altar und der Körper von Jesus sind aus Olivenholz geschnitzt, also aus dem Holz der Ölbäume, die hier oben reichlich gedeihen.

Das Schlüsselloch im Bauch von Elija ist kaum zu erkennen.

So sah es in der Kapelle aus. Die 12 Felsbrocken des Altares sollen an Jakob erinnern.

EIN BESONDERES SCHLÜSSELLOCH

An einer Wand sieht Paula eine goldglänzende Bildtafel. Ein Mann sitzt unter einem Strauch und ein Engel steht bei ihm. Mitten auf dem Bauch des Mannes entdeckt Paula ein Schlüsselloch. „Das ist aber komisch", sagt sie und schüttelt den Kopf. „Was siehst du denn gleich daneben?", fragt Onkel Georg. „Eine rote Lampe – wie das ewige Licht bei uns zu Hause in der Kirche, neben dem Tabernakel." „Ja, da hast du vollkommen recht", sagt Onkel Georg und er liest eine wunderschöne Geschichte aus der Bibel vor: vom Propheten Elija, der abgekämpft und müde in der Wüste sterben wollte. Gott sandte ihm aber einen Engel mit einem Krug Wasser und einem Brot. Als er davon zweimal gegessen hatte, konnte er aus der Kraft dieser Speise 40 Tage und 40 Nächte durch die

Wüste weitergehen, bis zum Gottesberg, dem Horeb. „Und deshalb ist das Schlüsselloch hier genau auf dem Bauch des Elija. Hier wird das heilige Brot aufbewahrt, durch das wir von Jesus Kraft bekommen für unseren Lebensweg. Bald darfst du es auch essen, Paula." „Ich weiß, bei der Kommunion!", antwortet sie.

Jakob sagt erst gar nichts, aber dann platzt es doch aus ihm heraus: „Und ich? Evangelische haben keine Kommunion." „Doch", sagt Onkel Georg und legt ihm eine Hand auf die Schulter, „bei euch heißt sie ‚Abendmahl' – wie im Evangelium. Du wirst es bei deiner Konfirmation mitfeiern. Aber in vielen evangelischen Gemeinden gibt es das auch schon für Kinder. Du kannst ja mal mit deiner Mutter euren Pfarrer fragen."

Pinien wachsen hier überall. Ihre Kerne sind total lecker.

REGEN IST SEGEN

Dann stellen sie Opferlichter auf. Das passt hier besonders. Der Ort hier oben heißt nämlich „Muhraqa", das bedeutet „Opferstätte". Hier hat Elija vor den Augen heidnischer Priester dem Gott Jakobs ein Opfer dargebracht, und endlich kam der lang ersehnte Regen, Wasser, Leben! Paula denkt beim Anzünden der Kerzen an ihre Eltern und ihre Freundinnen und natürlich an die Oma. Ja, bei uns in Deutschland sagt man bei Regen: „Schlechtes Wetter." Hier in dieser Hitze ist Regen ein Segen.

EINSAMKEIT UND STILLE

Draußen vor der Kirche spricht Onkel Georg noch mit den drei Mönchen, die hier oben in der Einsamkeit leben. Sie gehören zu dem Orden, der nach diesem Berg benannt ist, weil er hier vor ungefähr 800 Jahren entstand: Karmeliter nennen sie sich. Es gibt sie überall auf der Welt. Sie suchen Gott in der Einsamkeit und in der Stille – wie Elija und wie Jesus, der auch so gerne auf Berge stieg.

Jetzt im Augenblick schweigen sie nicht, die drei Karmeliter, denn sie entkernen gemeinsam frisch geerntete Oliven. Die machen sie dann ein – so ähnlich wie Oma im Sommer die Kirschen, aber natürlich mit Salz und nicht mit Zucker. Jakob denkt: Warum sind die so fröhlich hier oben in dieser Einsamkeit? Hier ist doch nichts los! Die drei scheinen glücklich zu sein.

Wusstest du ...

dass Olivenbäume über 1000 Jahre alt werden können? Ein Olivenbaum in Griechenland wird sogar auf 4000 Jahre geschätzt. Vielleicht gibt es also noch einen Olivenbaum, den schon Jesus gesehen hat?

KARMELGEBIRGE

Wo? Das Gebirge liegt im Norden von Israel, an der Mittelmeerküste.

Größe: ca. 30 km lang und 8 km breit

Höchster Gipfel: Rom Carmel (546 m)

Bedeutet: Weinberg Gottes

Das Besondere: Da es hier oft regnet, gibt es über 700 verschiedene Pflanzenarten und viele Tiere. Das Gebiet steht unter Naturschutz.

Haifa und Akko

> Haifa ist riesig. Zum Glück sind wir gleich nach Akko weitergefahren. Kleinere Städte mag ich viel lieber.

Wusstest du ...
dass die Stadt Haifa dafür bekannt ist, dass Menschen verschiedener Religionen hier zusammenleben? Obwohl es meistens friedlich ist, gibt es auch immer wieder Streit und Konflikte.

AM STRAND

Über viele Kurven fahren sie vom Berg Karmel herunter nach Haifa, der größten Hafenstadt Israels. Riesige Schiffe liegen in der großen Bucht und Onkel Georg erzählt, wie er vor vielen Jahren als Student von hier aus mit einem alten griechischen Schiff nach Europa zurückgefahren ist. „Ich wurde so seekrank, dass ich fast sterben wollte. Als wir wieder auf dem Festland waren, schwankte mir noch drei Tage der Boden." Gut, dass sie bequem mit dem Flugzeug in wenigen Stunden wieder nach Deutschland reisen können.

Schließlich kommen sie in Akko an. Es ist eine sehr schöne, uralte Hafenstadt. Sie kommt schon in der Apostelgeschichte in der Bibel vor. Da wird erzählt, dass der heilige Paulus hier einmal landete. Damals hieß die Stadt Ptolemais. Das interessiert Paula und Jakob aber im Moment nicht so sehr, denn an einem Sandstrand vor der Stadt dürfen sie heute endlich einmal ins Meer. Kaum haben sie ihre Badesachen angezogen, rennen sie in die flachen Wellen. Später bauen sie eine Sandburg. Die Nachmittagssonne vergoldet alles. Wie schön ist das Heilige Land!

DIE KREUZZÜGE

Gar nicht schön finden die Kinder, was ihnen Onkel Georg später beim Essen berichtet: „Vor ungefähr 900 Jahren kamen Ritter und Soldaten aus Deutschland, Frankreich, England und anderen Ländern Europas hier mit ihren Schiffen an. Sie wollten das Land wieder für die Christen erobern. Ein paar hundert Jahre vorher hatten es nämlich die Muslime unter ihre Herrschaft gebracht. Die kennen Jesus ja auch, sie nennen ihn auf Arabisch Isa ibn Maryam, Jesus, Sohn der Maria, und sie halten ihn für den größten Propheten neben Mohammed. Sie glauben aber nicht wie wir, dass in Jesus Gott selbst zu uns gekommen ist. Sie halten sich mehr an Mohammed, der ihnen ihr heiliges Buch, den Koran geschrieben hat.

Damals gab es also furchtbare, blutige Kämpfe zwischen den Muslimen hier und den Christen aus Europa. Sie nannten sich Kreuzritter. Unzählbare Menschen wurden in der Zeit hier getötet."

Paula bleibt der Mund offen stehen, als Onkel Georg das alles erzählt, und auch Jakob mag erst mal nicht weiteressen. Die beiden denken an die muslimischen Kinder in ihrer Klasse zu Hause. Sie vertragen sich meistens gut und spielen in der Pause alle zusammen. „Sie sind doch Menschen wie wir!" Da nickt Tante Tina ganz ernst: „Wenn das nur alle begreifen würden! Zuerst sind wir alle Menschen und glauben an den einen Schöpfer, Gott!"

> Besonders gut haben uns in Akko die Altstadt und der Hafen gefallen.

AKKO

Hebräischer Name: עכו
Arabischer Name: عكا
Einwohner: ca. 49.000
Das wird dir gefallen: die Bilder in der Synagoge „La Dschariba", die aus Millionen von Mosaiksteinchen bestehen, und der Festungswall mit original Kanonen aus der Zeit von Napoleon

RUF ZUM GEBET

Später gehen sie durch die schöne alte Stadt. Da gibt es Kirchen für die Christen und Moscheen für die Muslime. „Das da ist ein Minarett", erklärt Onkel Georg und zeigt auf einen schlanken Turm, der in der Abendsonne hoch aufragt, ganz in der Nähe eines Kirchturms. „Seht ihr", sagt Tina, „es geht zusammen, in guter Nachbarschaft."

„Das nervt aber!", meint Jakob, als in der Dämmerung später aus Lautsprechern oben am Minarett lauter Gesang erschallt. „Ja, das ist nicht gerade unsere Musik", gibt Onkel Georg ihm zu, „aber hier wird ganz laut bezeugt, dass Gott der Größte ist. Außer ihm gibt es keinen anderen. Jetzt müssen alle Muslime beten, wo sie gerade sind: zu Hause oder in der Moschee, auch die Arbeit wird unterbrochen zum Beten. Sie werfen sich auf die Erde, berühren den Boden mit der Stirn, fünfmal am Tag, vom frühen Morgen an." „Fünfmal am Tag, das wäre mir aber zu viel", sagt Paula da. „Wenn du mit deiner besten

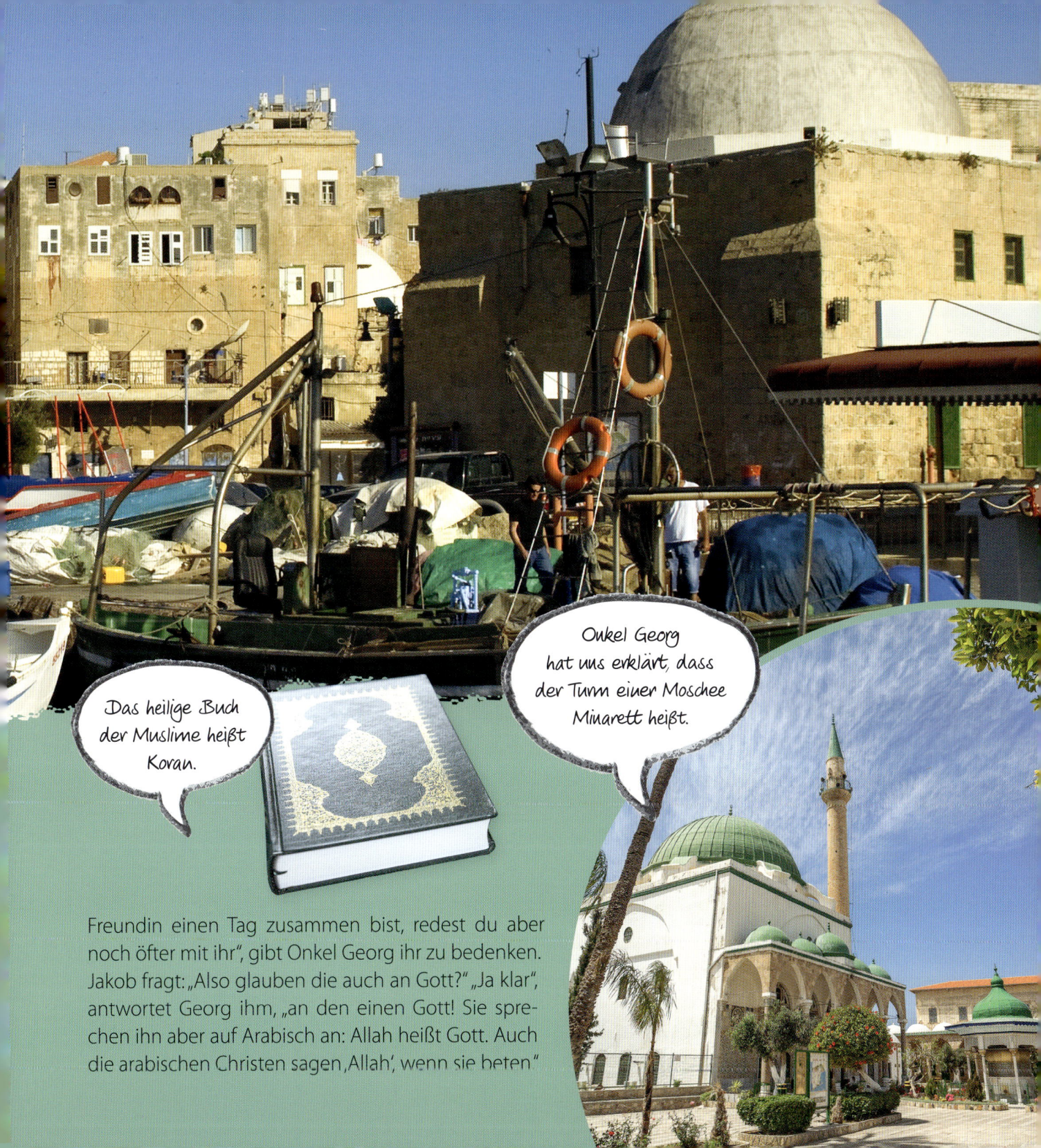

Das heilige Buch der Muslime heißt Koran.

Onkel Georg hat uns erklärt, dass der Turm einer Moschee Minarett heißt.

Freundin einen Tag zusammen bist, redest du aber noch öfter mit ihr", gibt Onkel Georg ihr zu bedenken. Jakob fragt: „Also glauben die auch an Gott?" „Ja klar", antwortet Georg ihm, „an den einen Gott! Sie sprechen ihn aber auf Arabisch an: Allah heißt Gott. Auch die arabischen Christen sagen ‚Allah', wenn sie beten."

Im Taubental

> Die Hänge sind ganz schön steil. Wie man da wohl raufkommt?

MARIA MAGDALENA

Heute geht es gleich nach dem Frühstück los. Sie wollen weiter die Heimat von Jesus erforschen. Zuerst kommen sie nach Magdala, das heute Migdal heißt. „Hier war Maria Magdalena zu Hause", erklärt Onkel Georg, bevor sie die Uferstraße am See verlassen. „Also hat unsere alte Tante Leni ihren Namen schließlich von diesem Ort hier", lacht Tina. „Maria aus Magdala ist im Evangelium eine ganz wichtige Frau. Sie hat Jesus und seine Freunde sehr unterstützt und sie war, wie der Evangelist Johannes erzählt, die Erste, die ihn nach seinem Tod in Jerusalem wiedersah. Noch vor den Männern sah ihn diese Frau", be-

Wusstest du ...

dass man schwindelfrei sein muss, wenn man die Ruinen der Synagoge auf dem Berg Arbel besichtigen will? Der Weg nach oben führt nur über steile Leitern und schmale Treppen, die in den Fels gehauen wurden.

tont Onkel Georg. „Deshalb muss man sie die Apostelin der Apostel nennen: Jesus schickte sie zu den Freunden, um ihnen die unglaubliche Nachricht zu bringen. Erst vor ein paar Jahren wurde hier eine Synagoge aus ihrer Zeit ausgegraben. Wir können den schönen Fußboden bewundern. Hier hat sie bestimmt oft gebetet und Jesus auch, wenn er hier war."

> Tante Tina sagt, dass Künstler Maria Magdalena oft als sehr schöne Frau gemalt haben.

MARIA MAGDALENA

Gedenktag: 22. Juli
Erkennungszeichen: Salbengefäß
Name bedeutet: Die Schöne, die von Gott Geliebte
Bekannt als: Jüngerin Jesu, sie war bei der Kreuzigung dabei und eine der Ersten, die von der Auferstehung erfuhren

DER BERG ARBEL

Über Magdala ragen die Felsen hoch auf. Der große Berg hier heißt Arbel; er ist oben ganz flach. Früher war sogar mal eine Stadt da oben. Von hinten kann man ganz gemütlich auf den Gipfel spazieren. Nein, hier die Steilwand möchte Paula ganz bestimmt nicht hinaufklettern, während Jakob meint, das müsse doch wohl irgendwie zu schaffen sein. Dann stellen sie das Auto ab und gehen ein Stück zu Fuß unter den Felsen ins Tal hinein. „Wisst ihr, wie das hier heißt?", sagt Onkel Georg. „Wadi Hamam, Taubental. Da oben nisten Hunderte von Wildtauben." Alle sehen zu den kleinen und großen Höhlen hinauf und Jakob zückt natürlich sofort seinen Fotoapparat. „Manchmal haben sich da oben auch Aufständische oder Räuber versteckt, damit sie nicht verhaftet werden konnten. Einmal aber ließ man Soldaten in einem Kasten an Seilen von oben herunter. Da gab es kein Entkommen mehr. Sie wurden sofort getötet."

Später lebten christliche Einsiedler in den Höhlen, denn durch dieses Tal ist Jesus sicher öfter gegangen auf dem Weg von Nazaret zum See. Er brauchte ungefähr einen Tag dafür. Zu Fuß gehen unsere vier jetzt weiter in das enge Tal hinein. Hier kann kein Auto kommen. Im Bach ist auch nach der langen Trockenzeit noch etwas Wasser. Ein Pferd trinkt zwischen den Steinen, weiter oben schreit ein Esel. Da sind sogar ein paar Kühe auf der Suche nach etwas Fressbarem. Sie gehen ein Stück den steilen Hang hinauf und Tina bricht vorsichtig einige Dornenzweige ab. Die hat sie einer Freundin versprochen, die eine Dornenkrone flechten will, um ihrer Kommuniongruppe zu zeigen, was sie Jesus auf den Kopf gedrückt haben.

SCHABBAT

Am Nachmittag fahren sie, wie geplant, von der anderen Seite an den Berg heran. Von oben hat man einen herrlichen Blick über den ganzen See Gennesaret. Der Bergwind tut gut. Unter einem Baum rastet eine große jüdische Familie. „Die haben sicher hierhin einen Schabbatweg gemacht", vermutet der Onkel. „Was ist denn das schon wieder?", will Paula wissen. „Wir sagen Sabbat", erklärt Onkel Georg geduldig. „Es ist der jüdische Ausdruck für den siebten Tag. Ihr habt ja vielleicht schon mal gehört, wie das dritte von den Zehn Geboten lautet: Gedenke, dass du den Sabbat heiligst. Das hält die Juden auf der ganzen Welt zusammen, seit Jahrtausenden. Der siebte Tag ist ihr Ruhetag für Gott und füreinander, ein fröhlicher Feiertag, an dem man nicht arbeiten darf. Wir Christen haben den Ruhetag auf den Sonntag verschoben, weil die ersten Freunde Jesu am Tag nach dem Sabbat merkten: Er ist gestorben und doch lebt er, ganz neu, mit Gott und für uns!"

„Ja", sagt Paula, „das wissen wir doch, aber du hast neulich gesagt: Bei Juden und Christen beginnt der Festtag immer am Abend vorher, wenn die Sonne untergeht." „Stimmt. Und was willst du mir damit sagen?" „Ich will sagen, dass der Sabbat jetzt gleich aufhört und der Sonntag anfängt und du uns deshalb da unten am Parkplatz ein Erdbeereis kaufen könntest." Über so viel Pfiffigkeit müssen Georg und seine Frau laut lachen. Und selbstverständlich gibt es dann nach dem Abstieg vom Berg für Paula und ihren Freund ein großes Erdbeereis aus dem Kühlschrank im Kiosk.

Ich kann mir gut vorstellen, dass eine Stadt auf dem Berg nicht erobert werden kann.

Wusstest du …

dass fromme Juden am Schabbat keine längeren Wege zurücklegen? Der Tag soll ganz Gott gehören und zum Beten und Ausruhen genutzt werden. Der Schabbatweg ist die Wegstrecke, die erlaubt ist.

In Nazaret

EIN GEFÄHRLICHER HALT

Am Sonntagmorgen feiern sie mit den Mönchen und den philippinischen Schwestern des Klosters und mit vielen Gästen die heilige Messe direkt am Seeufer. Sie singen deutsche Lieder, begleitet vom Gezwitscher der Vögel und dem leisen Klatschen der Wellen.

> Vielleicht hat Jesus auch auf einem Berg gestanden und auf Nazaret geschaut, auch wenn die Stadt damals noch ganz anders aussah.

Wusstest du ...

dass man im Freilichtmuseum »Nazareth Village« erleben kann, wie die Menschen zur Zeit der Römer lebten? Es gibt dort zum Beispiel auch Essen aus der Bibel.

Dann geht es wieder los. Nach ungefähr einer Stunde Autofahrt ruft Tina plötzlich: „Was machst du?" Georg hat heftig gebremst und das Auto an einer viel befahrenen Straße zum Halten gebracht, wirklich gefährlich. „Siehst du das Ortsschild da vorne nicht? Jakob will es bestimmt fotografieren. Hier ist für uns Christen einer der wichtigsten Orte der Welt. Hier lebte Jesus 30 Jahre lang. Durch ihn bleibt der Name dieser Stadt weltbekannt. Heute ist sie groß, aber damals war Nazaret ein kleines Dorf, kaum über 100 Einwohner." „Woher weiß man das denn?", fragt Paula. „Ganz einfach", antwortet Onkel Georg, „wegen der Quelle. Die einzige Quelle hier im Ortskern sprudelt noch immer. Ihr Wasser reicht für etwa 100 Menschen sowie für die Schafe, Ziegen und Esel, mit denen sie lebten."

„In einem so kleinen Ort kannte bestimmt jeder jeden", fügt Tante Tina hinzu. Jetzt aber, im Stau auf der Hauptstraße, sehen die Kinder Massen von Menschen, dazu wild hupende Autos und Autobusse.

DIE GABRIELSKIRCHE

Ruhe finden sie erst an der Quelle. Ganz unten in der Gabrielskirche kann man sie sehen und rauschen hören und von ihrem Wasser schöpfen. Tina, Georg, Paula und Jakob waschen sich die Stirn damit. Zusammen beten sie leise das „Gegrüßet seist du, Maria", das Paula schon auswendig kann. Onkel Georg erklärt, dass der Engel vielleicht hier diese Worte zu Maria gesagt hat: „Jedes Mädchen hatte mindestens einmal am Tag, meist abends, hier Wasser zu holen. In einem großen Krug trug man es dann nach Hause, auf dem Kopf oder auf der Schulter. Es gab ja noch keine Wasserleitungen wie heute. Das war mühsam, aber auch schön, denn an der Quelle traf man die anderen Mädchen und Frauen des Dorfes und manchmal neu angekommene Gäste und Fremde, die etwas Interessantes erzählen konnten." Paula und Jakob können sich das mit dem Engel gut vorstellen, weil vor und in der Kirche schöne alte Bilder davon erzählen. „Die Worte des Engels", sagt Tina, „stehen da oben auf Griechisch, Arabisch, Englisch und Französisch."

Große Schalen aus Messing sind mit Sand gefüllt, dünne Kerzen kann man da hineinstecken. Der Hüter der Kirche gibt Paula und Jakob je zwei und sie dürfen beim Anzünden leise sagen, für wen sie brennen sollen.

Der Turm der Gabrielskirche. Unten in der Kirche kann man die Quelle hören.

Hier soll der Engel Maria erschienen sein.

WO WOHNTE JESUS?

Dann gehen sie durch die Stadt zu der großen „Basilika der Verkündigung". Es sind eigentlich zwei Kirchen übereinander. Im Vorhof sieht man ganz viele Darstellungen der Muttergottes, jede aus einem anderen Land der Erde. In der Unterkirche sehen sie eine Höhle mit einem Altar davor. In lateinischer Sprache steht da: „Hier ist das Wort Fleisch geworden." Das soll heißen, dass hier Maria Jesus empfangen hat.

Dann gehen sie auch noch in die Josefskirche. Ganz unten kann man da Höhlen entdecken, die zur Zeit Jesu als Wohnungen dienten: ein einziger Raum zum Schlafen, Wohnen und Kochen. Für die Nacht rollte man Matten aus. In der Mitte war eine Feuerstelle, über der ein Kochtopf hing. Im alten Nazaret lebten alle Leute so einfach. Meistens konnten sie ja draußen sein, die Höhle war hauptsächlich für die Nächte und die wenigen Regentage.

So hätten die Kinder sich das nicht vorgestellt. „Ob wir so leben könnten?", fragt Jakob. „Noch heute leben viele Kinder auf der Welt so ähnlich", antwortet ihm Onkel Georg nachdenklich.

Unter dem Bild steht die Botschaft des Engels in verschiedenen Sprachen.

NAZARET

Hebräischer Name: נָצְרַת
Arabischer Name: الناصرة
Einwohner: ca. 77.000
Das wird dir gefallen: In Nazaret kannst du viele alte Werkstätten besichtigen, die dir zeigen, wie Dinge früher hergestellt wurden.

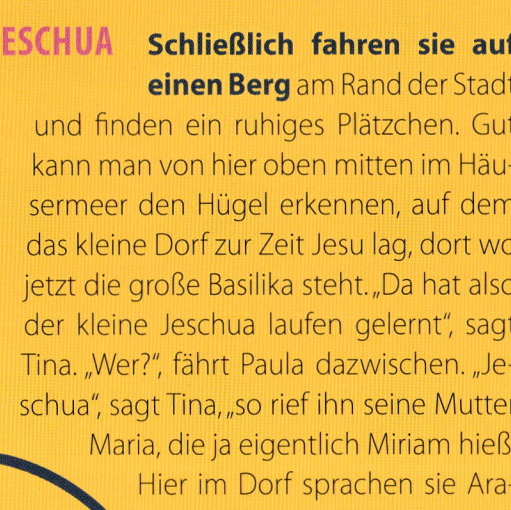

METÀ Ĉ Ĉ€ÚΛΟΓΗΜ€́ΝΗ ĈÚ '€Υ ΓΗ
€ĈΤ€ ĈU ΤΙΝ€.ΒΙΝ€ĈUVÎNΤΑ̈́ ĈϾΤΊ ΤU ΙΝΤΒϾ
ΒΛΟĈΟΛΟΒ€́ΝΑ ΤΑΪ ϺϾΝΆΧΖ
ϾΙΘΝϾUR ϾϾΤ ΑVϾĈ ΤΟΙ, ΤU ϾϾ ΒΈΝΙΕ ϾΝΤ
ΟΒD ΙϾ WITH THϾϾ·ΒΛϾϾϾϾD ΑRΤ THΟU

JESCHUA **Schließlich fahren sie auf einen Berg** am Rand der Stadt und finden ein ruhiges Plätzchen. Gut kann man von hier oben mitten im Häusermeer den Hügel erkennen, auf dem das kleine Dorf zur Zeit Jesu lag, dort wo jetzt die große Basilika steht. „Da hat also der kleine Jeschua laufen gelernt", sagt Tina. „Wer?", fährt Paula dazwischen. „Jeschua", sagt Tina, „so rief ihn seine Mutter Maria, die ja eigentlich Miriam hieß. Hier im Dorf sprachen sie Aramäisch und im Gottesdienst Hebräisch, die alte Sprache der Bibel."

„Jeschua", ruft Paula plötzlich ganz laut, „kommst du spielen?" Alle lachen über den lustigen Einfall. Ja, hier auf diesen Höhen war er mit seinen Freunden unterwegs. Zwischen den Felsblöcken spielten sie Verstecken und kletterten auf die Felsen. „Über diese Hügel hier zog er später mit seinem Vater zu den Baustellen der Umgebung; denn hier in dem kleinen Dorf gab es sicher nicht genug Arbeit, von der sie leben konnten. Da wäre ich gerne mal mitgegangen", meint Onkel Georg schließlich, „nur um zu hören, wie Josef und sein Sohn miteinander sprachen." Dann sitzen die vier noch eine ganze Weile da, ohne zu reden, mit dem Blick auf Nazaret.

In seiner Stadt

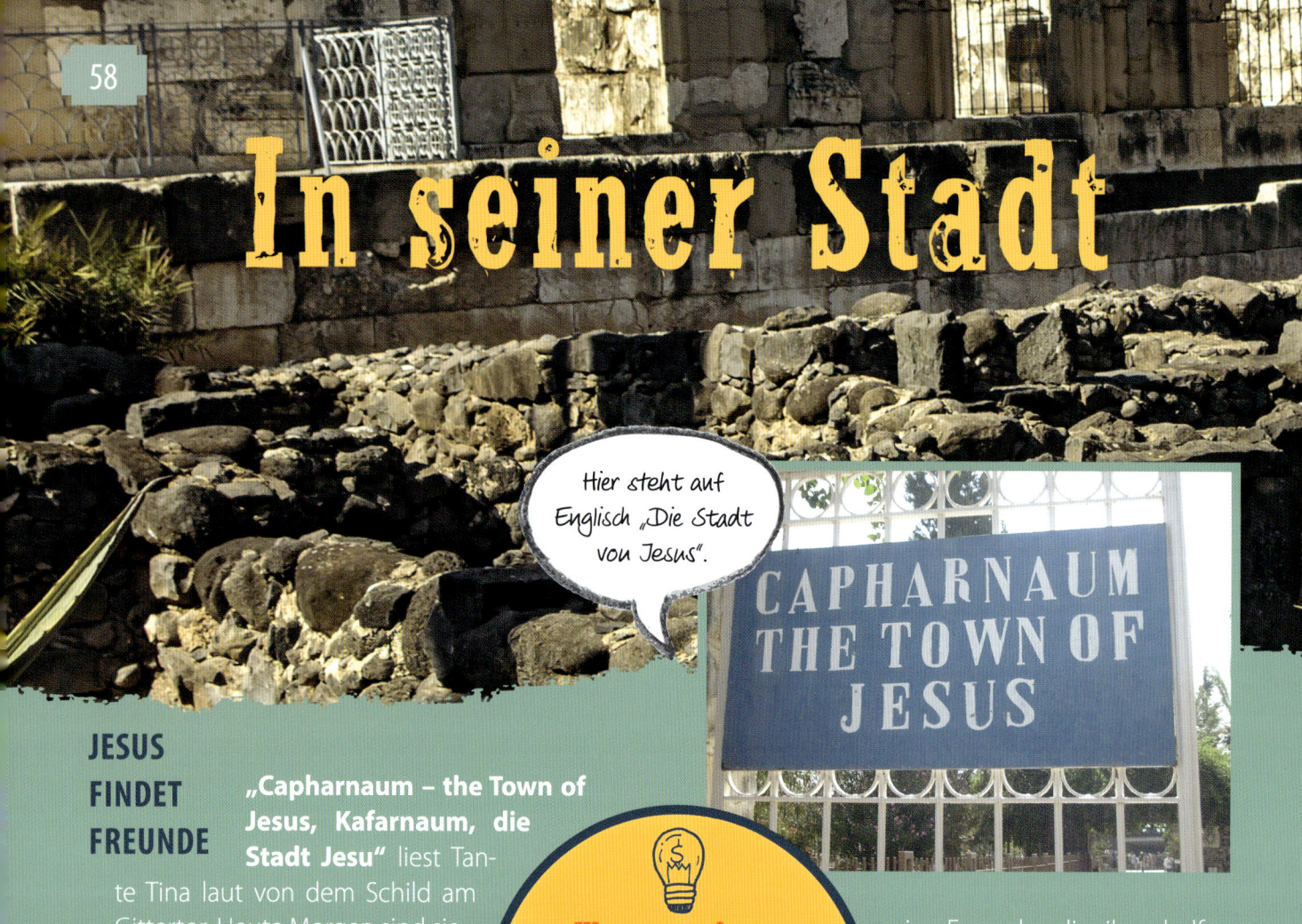

Hier steht auf Englisch „Die Stadt von Jesus".

CAPHARNAUM THE TOWN OF JESUS

JESUS FINDET FREUNDE

„Capharnaum – the Town of Jesus, Kafarnaum, die Stadt Jesu" liest Tante Tina laut von dem Schild am Gittertor. Heute Morgen sind sie von Tabgha aus zu Fuß am See entlang hierher gegangen: ein Weg, den Jesus und die ersten Freunde sicher oft gegangen sind, etwa zwei Kilometer. „Wieso ist hier die Stadt von Jesus?", fragt Jakob erstaunt. „Das ist doch Nazaret, da waren wir gestern." „Klar", antwortet ihm Onkel Georg, „Jesus stammt aus dem Dorf Nazaret und lebte dort bis etwa zu seinem 30. Lebensjahr. Dann aber verließ er seine Heimat und hier in Kafarnaum fand er die ersten

Wusstest du …
dass Kafarnaum 736 durch ein Erdbeben zerstört wurde? Der Ort wurde wiederaufgebaut, aber vor ca. 900 Jahren dann endgültig verlassen.

vier Freunde, die ihm helfen sollten, Menschen für Gott zu sammeln. Es waren zwei Brüderpaare: Andreas und Simon und die Söhne des Zebedäus. Von denen hieß einer wie du, Jakob, er war der Ältere, sein kleiner Bruder war der Johannes. Alle arbeiteten als Fischer. Simon war hier verheiratet und im Haus seiner Schwiegermutter wohnte Jesus vermutlich immer, wenn er in Kafarnaum war. Im Evangelium heißt es deshalb: ,Er kam in seine Stadt.'"

Ich sehe hier nur alte Steine, aber die Wissenschaftler wissen mit ihrer Hilfe genau, wie die Häuser hier mal aussahen.

Jesus war wirklich in dieser Synagoge.

EIN WORT GENÜGT

Hier fand er immer mehr Freunde und Verehrer. Kafarnaum hatte nicht nur einen Fischereihafen, hier war auch eine Zollstation an der Grenze zwischen dem Gebiet des Königs Herodes Antipas und dem seines Bruders Philippus. Sogar eine Garnison gab es, also eine Kaserne mit Soldaten. „Von einem Hauptmann hier stammt ja der Satz, den Paula als Kommunionkind bald auswendig können muss. Wir sagen ihn in jeder heiligen Messe vor dem Empfang der Kommunion", sagt Georg. „Ach, das kann ich schon", ruft Paula, die immer schnell auswendig lernt: „Herr, ich bin nicht würdig, dass du eingehst unter mein Dach, aber sprich nur ein Wort, so wird meine Seele gesund."

Paula schaut ihren Onkel einen Augenblick an und fragt ihn dann: „Sag mal, das versteh ich nicht: Hat der Hauptmann denn auch Kommunionunterricht gehabt? Das ist doch Quatsch!" „Natürlich nicht", antwortet ihr der Onkel geduldig. „Er hatte einen kranken Knecht, den sollte Jesus gesund machen. Aber er hatte das Gefühl, dass er für Jesus nicht gut genug war, er fand sich nicht würdig, ihn bei sich zu Hause zu empfangen. Andererseits hatte er aber solches Vertrauen zu dem Mann aus Nazaret gefasst. Er war sicher: Ein Wort von Jesus genügt, dann wird mein Knecht gesund. Und so war es dann ja auch!"

„So", sagt Georg, „jetzt aber los! Wir gehen zuerst zur Synagoge, wo Jesus oft am Sabbat beim Gottesdienst war, wenn er zwischen seinen Wanderungen durch das Land hier ausruhte." Neben dem Hauptraum, der kein Dach mehr hat, fotografiert Jakob noch einen kleineren: „Das ist die Schule", erklärt Onkel Georg. „Gebetsraum und Schule gehören bei den Juden oft zusammen!"

WIE JESUS LEBTE

Essen: Zu essen gab es hauptsächlich Brot, abends machte man dazu Bohnen, Linsen oder Gemüse. Manchmal gab es auch Käse oder Fisch. Fleisch gab es nur an besonderen Tagen.

Trinken: Jesus hat wohl hauptsächlich Wasser getrunken. Zu besonderen Gelegenheiten gab es Wein, Bier oder Apfelmost.

Wohnen: Die meisten Häuser hatten nur einen Raum. Dort wohnten die ganze Familie und oft auch die Tiere. Zum Kochen gab es eine offene Feuerstelle. Nur sehr reiche Leute hatten Häuser mit mehreren Zimmern.

Kleidung: Männer trugen damals einen Lendenschurz, ein knielanges Hemd und einen Umhang. Um das Hemd wurde ein Riemen als Gürtel gebunden. Frauen trugen knöchellange Hemden und ein Tuch auf dem Kopf. An den Füßen hatte man Sandalen oder man ging barfuß.

EIN HAUS AUS DER BIBEL

Von der Synagoge aus brauchen sie nur eine Minute bis zum Haus der Schwiegermutter des Simon. „Woher sollen wir denn wissen, dass es dieses Haus war?", fragt Paula kritisch. „Die Reste der Häuser hier sehen doch alle gleich aus, alle aus dem gleichen schwarzen Stein gebaut." „Ja", sagt Onkel Georg, „da hast du recht, alle diese kleinen Häuser sind eng beieinander und alle aus dem Basalt gebaut, der hier überall zu finden ist. In diesem Haus hier hat man aber vor ein paar Jahren Mauerreste ausgegraben, die zu einer kleinen achteckigen Kapelle gehörten. Sie ist schon im 5. Jahrhundert gebaut worden, auf dem Fundament einer noch älteren und noch kleineren, und wir dürfen sicher annehmen, dass die Juden, die Christen geworden waren, noch wussten, wo sich die ersten Freunde von Jesus versammelt hatten."

„Schade, dass hier kein Haus mehr steht!", sagt Paula. „Ich würde so gerne sehen, was du uns vorhin vorgelesen hast, wie sie den gelähmten Jungen durch das Dach zu Jesus abgeseilt haben, weil vor der Haustür so viele Leute die Straße verstopft hatten." „Ja", sagt ihr Onkel, „das muss ein toller Anblick gewesen sein. Bestimmt musste auch Jesus lächeln, als er das sah."

Wusstest du ...

dass man in Kafarnaum die Reste einer alten Synagoge aus weißem Kalkstein gefunden hat? Dieser Stein war sehr teuer, deswegen weiß man, dass der Ort wohlhabend war.

Abschied vom
See Gennesaret

An ihrem letzten Abend am See Gennesaret schaut Jakob die Fotos an, die er bis jetzt gemacht hat. Er zeigt Paula Ausschnitte davon und lässt sie raten, was man sehen kann. Kannst du ihr helfen?

Durchs Jordantal zum Toten Meer

AM JORDAN **Heute heißt es: Abschied nehmen vom See Gennesaret.** „Ich will nicht nach Jerusalem", hat Paula schon einige Male in den letzten Tagen gesagt. Dort würde es nicht so lustig sein: Kaum ein Garten und erst recht kein Wasser zum Schwimmen und Planschen. Aber es gibt doch noch so viel zu sehen in diesem wunderbaren Land! Als sie die Koffer im Auto haben, kommt noch Pater Jonas. Er kümmert sich in Tabgha seit vielen Jahren um die Gäste. Er gibt Paula und Jakob die Hand. Zu Georg und Tina sagt er: „Kommt doch bald mal wieder – und dann nicht nur für eine Woche."

Zuerst fahren sie noch einmal am See entlang, über 20 Kilometer. Am Südende geht es über den Jordan. Hier verlässt der Fluss den See, in den er hoch im Norden hineingeflossen ist, ganz in der Nähe von Kafarnaum. Ungefähr zwei Stunden geht es dann durch das Jordantal nach Süden. „Da, auf der linken Seite, seht ihr die Berge, Kinder? Das ist schon Jordanien. Der Fluss gab dem Land den Namen."

Entlang der Straße wird manchmal unter Zeltdächern Obst und Gemüse verkauft. Wo Wasser ist, kann vieles wachsen. „Oh, da ist schon Jericho!", ruft Onkel Georg schließlich. „Die Palmenstadt ist eine der größten Oasen der Welt. Hier lebte der Oberzöllner Zachäus, bei dem Jesus sich eines Tages eingeladen hat."

Menschen erneuern im Jordan ihre Taufe.

ORT DER TAUFE

Bald biegen sie ab zu der Stelle, wo nach alter Überlieferung Jesus von Johannes dem Täufer im Jordan getauft wurde. Jakob und Paula ziehen ihre Sandalen aus und stecken die Füße in das braune Wasser. Dann liest Georg vor, wie Jesus hier an das Ufer kam. „Taufe heißt ja eigentlich Tauche", sagt Onkel Georg. In der Mittagshitze tauchen tatsächlich einige Leute in weißen Gewändern dreimal unter. Ein Priester steht im Wasser und hilft ihnen dann jedes Mal wieder hoch. Tropfnass und lachend kommen sie wieder ans Ufer. „Waren die denn noch nicht getauft?", will Jakob jetzt wissen. „Doch", sagt Onkel Georg, „wohl schon als Kinder wie wir, aber sie möchten sich hier an ihre Taufe erinnern und bekräftigen, dass sie wirklich zu Jesus gehören wollen!"

„Dürfen wir auch mal da rein?", fragt Paula. „Ach, nein, besser jetzt nicht", sagt Tante Tina. „Seht ihr die Soldaten da? Hier in der Mitte des Jordans ist die Grenze zwischen Israel und Jordanien und ich weiß nicht, ob ihr bei dieser Strömung sicher am Ufer bleiben könnt. Wir füllen uns aber hier in diese Plastikflaschen Jordanwasser ab. Dann können wir uns auch noch in Deutschland an diesen heiligen Fluss erinnern, etwas Wasser auf unsere Stirn streichen und so unsere Taufe auffrischen."

Wusstest du ...

dass dem Jordan so viel Wasser für die Bewässerung der Felder entnommen wird, dass nur noch ein kleines Rinnsal im Toten Meer ankommt?

KAMELREITEN

Ein paar Kilometer weiter machen sie Mittagsrast, am tiefsten Punkt der Erde. Jakob und Paula können es kaum glauben: Hier sind sie fast 400 Meter unter dem Meeresspiegel. „Gut, dass die Berge das Meerwasser fernhalten", witzelt Onkel Georg. Dann dürfen Paula und Jakob auf das Kamel klettern, das dort auf Reiter wartet. „Das stinkt aber!", beschwert sich Paula. Dann aber lässt sie sich doch auf das

riesige Tier heben. Die Kinder müssen sich fest an den Kamelsattel klammern, denn das noch am Boden liegende Tier steht jetzt auf: zuerst hinten, sodass die beiden einen Augenblick Angst haben, nach vorne abzustürzen. Dann aber reiten sie stolz einen großen Kreis. Tante Tina muss sie knipsen, natürlich mit Jakobs Fotoapparat.

DAS TOTE MEER

Nach dem Imbiss am Kiosk fahren sie zu einem Badestrand am Toten Meer. Es ist so salzig und bitter, dass kein Tier darin leben kann. Daher der Name. Als alle ihre Badesachen angezogen haben, mahnt Tante Tina: „Seht zu, dass ihr das Wasser nicht in den Mund nehmt, es schmeckt scheußlich. Wenn ihr aber eine kleine Wunde irgendwo am Körper habt und es brennt, ist das nicht schlimm, sie wird dann schneller heilen. Hier am Toten Meer suchen viele Menschen Heilung, die an Hautkrankheiten leiden, besonders der schwarze Schlamm tut gut." Obwohl sie beide keine Hautprobleme haben, schmieren sich Onkel Georg und Tante Tina mit dem Schlamm ein. Onkel Georg tanzt dann ziemlich albern in der Sonne herum, findet Paula jedenfalls.

Dann legen sich alle vier auf das Wasser. Schwimmen kann man nicht. Man liegt einfach auf dem Rücken. Das Wasser trägt. Einige Badegäste lesen dabei sogar Zeitung, nur für ein Foto selbstverständlich. Paula meint, im See Gennesaret sei das Baden aber schöner. Das finden sie eigentlich alle. Trotzdem ist es ein einmaliges Erlebnis, einfach auf dem Wasser liegen zu können, ohne sich bewegen zu müssen.

Das Wasser des Jordans sieht oft braun oder grün aus.

Wusstest du ...

dass das Tote Meer schrumpft? Da kaum noch Wasser aus dem Jordan ankommt und es kaum regnet, aber in der Hitze viel Wasser verdunstet, wird das Meer langsam kleiner. Das Salz verdunstet nicht und so wird das Wasser salziger.

JORDAN

Hebräischer Name:
נהר הירדן
Arabischer Name:
نهر الأردن
Bedeutet: der herabsteigende Fluss
Länge: 251 km
Besonderheit: Im Jordangraben gibt es häufig Erdbeben.

Im Toten Meer muss man nicht schwimmen. Man bleibt auch so oben.

Durch die Wüste nach Jerusalem

DIE WÜSTE JUDA

Froh sind alle, als sie am Ufer Salz und Schlamm unter den Duschen wieder abwaschen können. Dann geht es im Auto auf bequemer breiter Straße in die Wüste hinein: die Wüste Juda, in der Johannes der Täufer lebte und wahrscheinlich auch Jesus selbst 40 Tage lang, nach seiner Taufe im Jordan.

Als Georg in eine einsame Nebenstraße abbiegt, meint Tina zu ihm: „Hoffentlich macht das Auto hier keine Zicken. Wie lange würde es dauern, bis uns hier jemand findet?" Auch ihm ist etwas mulmig zumute, er sagt aber nichts, damit die anderen keine Angst bekommen. In vielen Kurven geht es durch Felsen und Sand erst aufwärts, dann

Wusstest du ... dass ein Wadi ein trockener Flusslauf ist? Wenn es ein Gewitter gibt, kann sich das Wadi plötzlich mit Wasser füllen, dann kann es sehr gefährlich sein, sich darin aufzuhalten.

wieder abwärts. „Wohin willst du eigentlich?", sagt Tina zu ihm, mit leichtem Vorwurf in der Stimme. „Ich möchte Paula und Jakob das Wadi Kelt zeigen. Es ist das Tal, das von Jericho bis in die Nähe von Jerusalem führt, ungefähr 30 Kilometer durch die Wüste. Diesen Weg nahm Jesus höchstwahrscheinlich immer, wenn er mit seinen Jüngern oder auch mit anderen Pilgergruppen zu den großen Festen in die Heilige Stadt wollte. Sie mussten an einem einzigen Tag 1200 Meter hochsteigen, und das auch noch in der Hitze!"

> Kamele mag ich nicht so gern. Sie stinken, aber es ist lustig, auf ihnen zu reiten.

Wusstest du ... dass Beduinen früher Nomaden waren? Das heißt, sie zogen umher und lebten in Zelten, weil sie an einem Ort nicht genug Nahrung für ihre Tiere fanden.

> Dem Beduinen-Jungen haben wir auf dem Rückweg Waffeln geschenkt. Hoffentlich schmecken sie ihm.

BEDUINEN **Endlich hält Onkel Georg das Auto an.** Auf einem Sandhügel an der Straße steht ein einsames Kreuz. Davor sehen sie einen Jungen, ungefähr so alt wie Jakob und Paula, braungebrannt, ganz allein. In seiner Nähe liegt ein Kamel, auf das er wohl aufpassen muss. Sie schenken ihm ein paar Schekel, israelisches Geld, zum Dank, dass er sich von Jakob fotografieren lässt. „Er gehört zu den Beduinen", erklärt Onkel Georg, „die hier in Zelten oder Wellblechhütten leben. Sie sind immer in Sorge, dass ihre Schafe und Ziegen, ihre Esel und Kamele hier etwas zu fressen finden." Paula will wissen, ob die Beduinenkinder auch zur Schule gehen. „Doch, ja!", antwortet ihr der Onkel, „da und dort gibt es Baracken, wo sie zeitweise Unterricht haben, etwas Rechnen und Schreiben, aber nicht so wie in eurer Schule. Sie lernen, wie Kinder jahrtausendelang gelernt haben: das Wichtigste, was man zum Leben braucht, von den Eltern, Großeltern, den älteren Geschwistern oder den Nachbarn. Heutzutage schaffen es aber auch manche jungen Menschen, aus dieser Armut herauszukommen, und studieren sogar an einer Universität."

DER BARMHERZIGE SAMARITER

Dann klettern sie über unendlich viele Steine auf den Hügel. „Da ist es!", ruft Onkel Georg und zeigt nach unten, ganz tief ins Tal: „Da liegt das Sankt-Georgs-Kloster. Nachdem es eine Zeit lang leer stand, gibt es dort wieder eine kleine Gemeinschaft von Mönchen. Offenbar muss dort niemand verdursten, denn man sieht ja auch aus dieser Entfernung Bäume am Kloster und sogar einen ummauerten Garten. Es gibt Quellwasser, auch für alle, die auf ihrer Wanderung dort vorbeikommen, gratis!"

Tina meint: „Hier kann man sich richtig gut die Geschichte vom barmherzigen Samariter vorstellen. Ihr wisst doch, wie Jesus von dem Mann erzählt, der hier unter die Räuber fiel, und dem ein Ausländer, ein Samariter, so liebevoll geholfen hat. Diese Geschichte müssen wir unbedingt noch lesen, hier am ‚Tatort' sozusagen." Schnell holt Georg unten aus dem Auto seine Bibel. Sie sitzen in der milden Sonne des Spätnachmittags auf Steinen und hören zu: „Ein Mann ging von Jerusalem nach Jericho hinab und wurde von Räubern überfallen …"

„Gibt es hier jetzt auch noch Räuber?", will Jakob schließlich wissen. „Ja, Räuber gibt es leider überall auf der Welt und manchmal auch hier."
Alle sind froh, als sie wieder gut im Auto sitzen. Als sie zurück auf der Hauptstraße sind, fängt Onkel Georg plötzlich laut an zu singen, irgendetwas mit „Hallelu, hallelu…" Kennst du das auch?

WÜSTE JUDA

Hebräischer Name:
מִדְבַּר יְהוּדָה
Arabischer Name:
صحراء يهودا
Bekannt für: die zahlreichen Wadis, die bis zu 600 Meter tief sind
Das wird dir gefallen: das Kloster Sankt Georg. Es hängt an der Wand eines Wadis und ist nur über einen Fußgängerübergang zu erreichen.

Das Kloster St. Georg haben wir nur von Weitem gesehen. Es sieht aus, als wäre es direkt in den Fels gebaut.

JERUSALEM **Ganz oben am Horizont sehen sie** nämlich jetzt drei Türme auf einem langen Berg. Es ist der Ölberg. Er liegt oberhalb der Wüste und gegenüber der Altstadt von Jerusalem. Zu Fuß braucht man jetzt noch ein paar Stunden bis ans Ziel, aber mit dem Auto natürlich nur ein paar Minuten.

Im Paulus-Haus des „Deutschen Vereins vom Heiligen Lande" werden sie schon erwartet. Es gibt für sie ein Familienzimmer mit fünf Betten. Eins davon steht auf einer Art Holzbalkon. Da kann man raufklettern. Die Kinder einigen sich schnell, dass sie dort oben abwechselnd schlafen wollen.

Während die Erwachsenen ihre Koffer auspacken, gehen Paula und Jakob auf die schöne Dachterrasse. Staunend sehen sie in der Dämmerung zum ersten Mal die Heilige Stadt. Eine große goldene Kuppel leuchtet herüber und etwas weiter auf der rechten Seite ein goldenes Kreuz über einer anderen Kuppel. Abendglocken läuten von einem hohen Kirchturm und aus Lautsprechern erschallt der Ruf zum Abendgebet der Muslime.

Im Heiligen Grab

DIE WICHTIGSTE KIRCHE DER WELT

„Wenn man in Jerusalem angekommen ist, geht man zuerst zum Heiligen Grab!", verkündet Onkel Georg beim Frühstück am nächsten Morgen. Sie gehen auf der anderen Straßenseite durch das große Tor. Die Kinder wundern sich über die Soldaten und Soldatinnen, die hier mit ihren Gewehren Wache halten. „Damit uns allen nichts passiert", sagt Onkel Georg. Schließlich kommen sie durch ein kleines Tor auf einen Platz. Jetzt stehen sie vor der wichtigsten Kirche der Welt. Sie wird seit bald 1700 Jahren aufgesucht. Am Eingang gehen sie zuerst eine enge Treppe herauf. Die Stufen sind stark ausgetreten von den Pilgern in Hunderten von Jahren. „Hier war der Hügel Golgota", flüstert Onkel Georg den beiden in die Ohren. Hier wurde das Kreuz gefunden, an dem Jesus gestorben ist. Sie sehen ein Bild, das mit Silber belegt ist, neben Jesus am Kreuz stehen seine Mutter Maria und sein liebster Freund Johannes. Von vielen silbernen Öllampen wird das Bild beleuchtet. Unter dem Altar davor knien sie alle nieder. Man kann mit der Hand den Felsen fühlen, in dem der Stamm des Kreuzes festgemacht war. Sie zünden dann wieder dünne Kerzen an und beten eine Weile still. Paula zeigt Jakob das große Mosaik auf der rechten Seite, damit er es fotografiert. Darauf sieht man, wie Jesus gerade angenagelt wird. Er liegt auf dem Kreuz am Boden.

Der Eingang zur wichtigsten Kirche der Welt

Wenn man die Hand ausstreckt, kann man den Fels fühlen, auf dem das Kreuz festgemacht war.

IM GRAB **Dann steigen sie wieder herunter.** Sie kommen an eine Steinplatte, die sehr schön duftet. „Das ist Rosenöl", erklärt Tante Tina. „Man stellt sich vor, dass hier der tote Leib Jesu hingelegt wurde, als man ihn vom Kreuz abgenommen hatte. Sie salbten ihn ja dann mit kostbarem Öl, bevor sie ihn zum Grab brachten. Ein reicher Mann hatte es zur Verfügung gestellt. Er hieß Josef von Arimathäa. Er hatte es für sich und seine Angehörigen in den Felsen hauen lassen. Es war ganz in der Nähe. Deshalb finden wir es auch hier gleich um die Ecke." Paula und Jakob sind sehr gespannt. Sie waren schon öfter auf dem Friedhof, am Grab ihrer Opas, aber in ein Grab hineingehen …? „Wir gehen mit euch, keine Angst!", beruhigt sie Tante Tina. Ein alter Mönch am Eingang des Grabes winkt sie gleich heran.

Das Grab sieht von außen aus wie eine kleine Kapelle, eine Kapelle in der großen Kirche. Sie kommen zuerst in einen Vorraum, der von Kerzen und Öllampen erleuchtet ist. Dann müssen sich die Erwachsenen bücken, so niedrig ist der Eingang. Jakob und Paula können aufrecht hineingehen. Für zwei, drei Minuten sind unsere vier allein im Heiligen Grab. Es ist überhaupt nicht schrecklich. Es ist hier hell und warm von den vielen Kerzen. Auch Blumen sehen sie auf dem kleinen Altar über dem Grab, in dem Jesus gelegen hat. Jeden Tag werden hier Messen gefeiert. Und ganz leise singt Tante Tina, was Paula jetzt auch schon sonntags in der Kirche mitsingen kann: „Deinen Tod, o Herr, verkünden wir und deine Auferstehung preisen wir, bis du kommst in Herrlichkeit." Da kommt der alte Mönch und legt den Finger auf seinen Mund. Hier darf man nicht singen. Es soll heilige Stille sein.

So sah es in der Kirche aus.

Wusstest du … dass die Grabeskirche über 1600 Jahre alt ist?

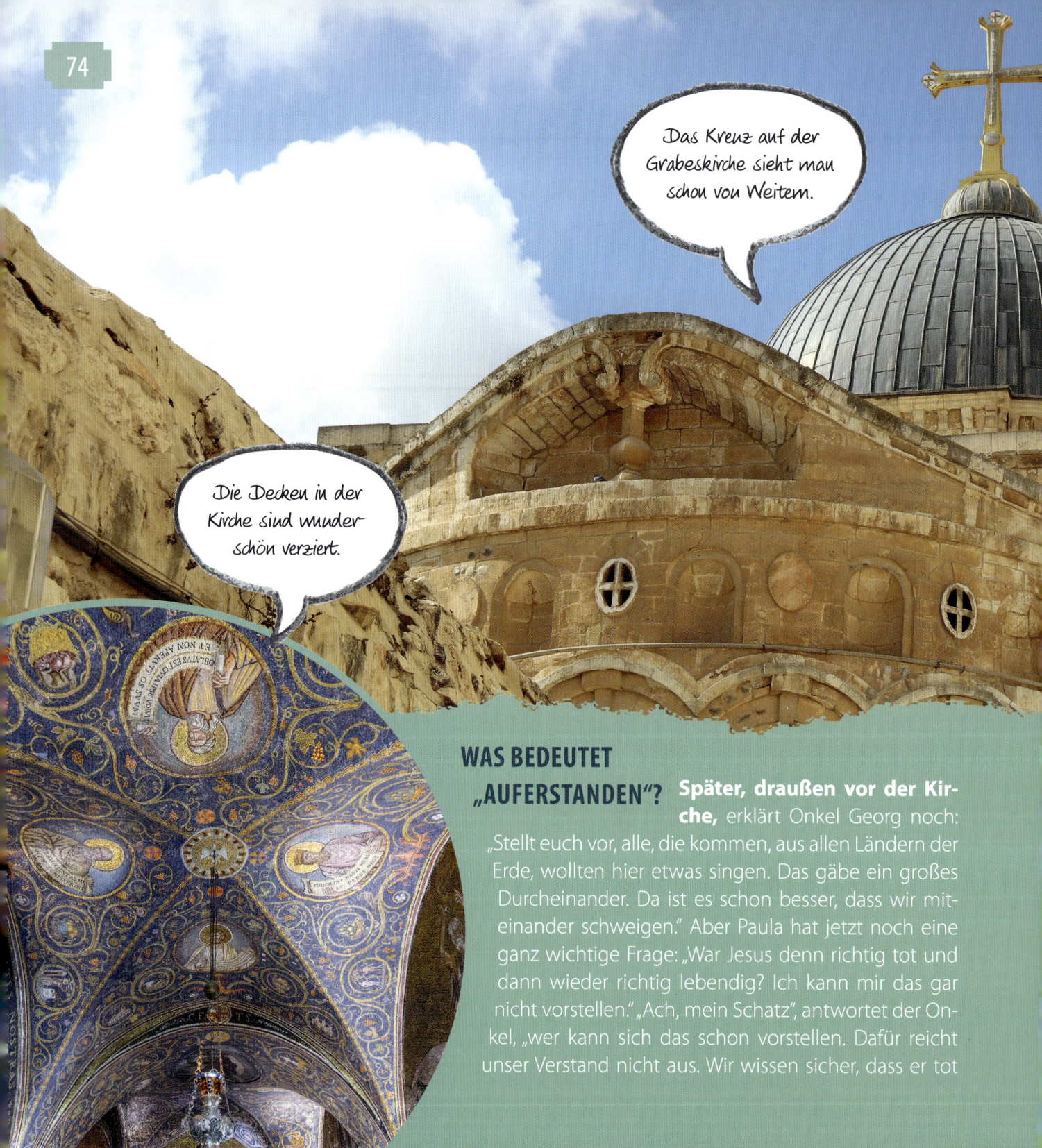

Das Kreuz auf der Grabeskirche sieht man schon von Weitem.

Die Decken in der Kirche sind wunderschön verziert.

WAS BEDEUTET „AUFERSTANDEN"?

Später, draußen vor der Kirche, erklärt Onkel Georg noch: „Stellt euch vor, alle, die kommen, aus allen Ländern der Erde, wollten hier etwas singen. Das gäbe ein großes Durcheinander. Da ist es schon besser, dass wir miteinander schweigen." Aber Paula hat jetzt noch eine ganz wichtige Frage: „War Jesus denn richtig tot und dann wieder richtig lebendig? Ich kann mir das gar nicht vorstellen." „Ach, mein Schatz", antwortet der Onkel, „wer kann sich das schon vorstellen. Dafür reicht unser Verstand nicht aus. Wir wissen sicher, dass er tot

Wusstest du ...

dass eine muslimische Familie die Schlüssel zur Grabeskirche verwaltet? Leider gibt es unter den verschiedenen christlichen Glaubensrichtungen immer wieder Streit. Die Muslime vermitteln dann.

JERUSALEM

Hebräischer Name: ירושלים
Arabischer Name: القدس
Einwohner: ca. 920.000
Alter: ca. 3000 Jahre
Das Besondere: In Jerusalem gibt es nicht nur wichtige Orte für Christen. Auch heilige Orte der Juden und Muslime befinden sich dort. Leider gibt es deswegen immer wieder Streit und sogar Gewalt.
Das wird dir gefallen: Im Tal von Zurim können Kinder Archäologen bei der Arbeit helfen. Im Biblischen Zoo kannst du viele Tiere sehen, die es zur Zeit der Bibel gab und die heute vom Aussterben bedroht sind. Außerdem ist der Nachbau der Arche Noah dort sehenswert.

war wie alle Toten. Sonst hätten die Römer den Leichnam gar nicht zur Bestattung freigegeben. Was Gott dann geschehen ließ, können wir nur schwer in unsere Menschenworte fassen. Gott gab Jesus ein ganz neues Leben bei sich, unvorstellbar schön. Er wurde nicht wiederbelebt, wie das die Notärzte manchmal schaffen. Jesus ist jetzt im ‚Himmel', wie wir sagen. Aber damit meinen wir natürlich nicht den Wolkenhimmel. Wir meinen, dass er bei Gott ist und … wo ist Gott nicht?

Die Evangelisten erzählen ja auch, dass Jesus nach seinem Tod gleichzeitig an mehreren Orten gesehen wurde und dass Türen und Mauern kein Hindernis mehr für ihn waren. Unterwegs hielt man ihn zuerst für irgendeinen Wanderer und seine Freundin Maria aus Magdala soll ihn zunächst für den Friedhofsgärtner gehalten haben. Er ist da, aber nicht zu packen, er ist mehr zu spüren als zu beweisen – wie Gott selbst!"
Paula und Jakob haben aufmerksam zugehört. Sie müssen eine Weile darüber nachdenken.

Am Ölberg

Wusstest du ... dass es auf dem Ölberg besonders viele jüdische Gräber gibt? Juden glauben, dass der Messias auf den Ölberg kommen wird und alle Toten auferweckt.

STRENGE KONTROLLEN

Heute Mittag gibt es für Paula und Jakob eine schöne Überraschung: „Wenn wir gleich unseren Leihwagen zurückgegeben haben, müssen wir zu einer Bank in der Neustadt von Jerusalem. Dort dürft ihr dann auch mal einen Burger mit Pommes essen, wenn ihr wollt", sagt Tante Tina.

„Au ja", rufen die beiden fast gleichzeitig. Was diese Stadt alles zu bieten hat! Vor dem Schnellrestaurant müssen sie eine kurze Sicherheitskontrolle über sich ergehen lassen. „Ja", sagt Onkel Georg, „ich könnte schließlich eine Bombe unter dem Hemd tragen." „Aber so siehst du eigentlich nicht aus", befindet Jakob netterweise.

„So", sagt Onkel Georg nach dem Essen, „nach einer kleinen Mittagspause gehen wir gleich auf den Ölberg. Von dort hat man den schönsten Blick über die ganze Stadt." Paula verzieht das Gesicht: Schon wieder laufen!

DURCH DAS LÖWENTOR

Als sie aber dann am Nachmittag durch das Stephanstor gehen, findet sie alles wieder ganz spannend. „Seht ihr, warum das Stephanstor auch noch Löwentor heißt?" Die Kinder entdecken kleine Löwen, eingemeißelt in die Mauer am Tor.

> Vom Ölberg aus hat man einen tollen Blick über die Stadt. Die schöne goldene Kuppel gehört zum Felsendom.

ÖLBERG

Hebräischer Name:
הר הזיתים
Arabischer Name:
جبل الزيتون

Höhe: 809 m
Das wird dir gefallen: die Aussichtsplattform. Von da aus hat man einen tollen Blick über die ganze Stadt.

Der Löwe ist in Jerusalem überall zu sehen, sogar auf den Kanaldeckeln. Der „König der Tiere" ist zu allen Zeiten und überall auf der Welt das Zeichen der Kraft und der Herrschaft. Dann haben sie den Ölberg vor Augen: der lang gezogene Berg auf der anderen Seite des Tales. Es heißt Kidrontal nach dem Bach, der bei Regen hier fließt. Man muss die Straße herunter und drüben wieder hoch. „Jerusalem spürt man stark in den Beinen!", meint Tina. „Man merkt eben, dass es eine Bergstadt ist." Am Fuß des Ölbergs besuchen sie zuerst eine alte Kirche, wo man an das Begräbnis der Mutter Maria denkt. Viele Stufen führen tief herunter zu ihrem Grab. Da kann man auch hineingehen, wie in das Grab ihres Sohnes, das sie heute Morgen als Erstes besucht haben.

„Warum heißt der Ölberg so?", will Jakob wissen, als sie aus der Kirche kommen. „Ihr werdet sie gleich sehen, die knorrigen Bäume mit den silbergrünen Blättchen. Es sind Olivenbäume. Aus ihren Früchten wird das wertvolle Olivenöl gepresst." „Ach ja, das hat meine Mutter in der Küche", sagt Paula und wird ein wenig traurig, weil ihre Mutter so weit weg ist und das jetzt schon über eine Woche!

> Onkel Georg sagt, die Löwen stehen für Kraft und Herrschaft.

GETSEMANE

Ihre Stimmung passt zu dem Ort, den sie jetzt besuchen, denn Onkel Georg führt sie gleich neben der Kirche in eine große Höhle: „Getsemane" steht über dem Eingang. Das Wort bedeutet: „Ölkelter oder Ölpresse." Hier könnte Jesus an seinem letzten Abend mit den Freunden nach dem Abendmahl hingekommen sein. Hier am Ölberg waren sie sicher schon öfter zum Übernachten gewesen, sonst hätte Judas, der Verräter, ja nicht gewusst, wohin er die Tempelpolizei in der Nacht führen konnte. Hier, in einem der Gärten am Ölberg, überfiel Jesus dann die Angst. Er wusste, was kommen würde. Hier betete er zu seinem Vater: „Wenn es möglich ist, gehe dieser Kelch an mir vorüber!" Damit meinte er den Tod, der ihm bevorstand, den Becher voll bitterer Leiden, den er austrinken sollte.

Auf der anderen Straßenseite sehen sie in einem Garten Ölbäume, die schon weit über 1000 Jahre alt sein könnten.

Olivenbäume gibt es hier wirklich viele. Aus den Oliven wird Öl gemacht, daher kommt der Name Ölberg.

Wir müssen viel laufen, um auf den Ölberg zu kommen. Mir tun schon die Füße weh.

DER HERR HAT GEWEINT

Dann treten sie ein in die große „Kirche der Nationen". Hier ist es durch die lilabraunen Fenster immer so dunkel, dass man meint, es sei Nacht. So kann man gut an die Nacht denken, in der Jesus hier verhaftet wurde, vielleicht neben der großen Felsplatte da vorne.

Oben am Ölberg besuchen sie noch einen anderen, viel größeren Garten. Sie kommen zu einer kleinen Kirche, die den Namen „Dominus Flevit" trägt. Das ist Latein und heißt auf Deutsch: „Der Herr hat geweint." Onkel Georg liest vor, was darüber im Lukasevangelium steht. Dann sagt Jakob leise: „Mein Vater hat neulich mit mir geschimpft: ‚Männer weinen nicht', sagte er." „Da bin ich aber ganz anderer Meinung!", tröstet ihn Onkel Georg. „Auch ein starker Mann hat doch ein Herz! Und ihr wisst ja, warum sein Freund, der Petrus, in der Nacht so weinen musste." „Ja", sagt Jakob, „als er so schrecklich gelogen hatte. Er hatte ja gesagt, dass er Jesus überhaupt nicht kennen würde, und das dreimal! Der hatte bestimmt Angst, sie würden ihn auch verhaften."

„Ja, so wird es gewesen sein. Er hat bestimmt nicht aus Spaß gelogen. Er war in Panik, in Todesangst, als er sah, was sie mit Jesus machen wollten! Was hätten wir wohl an seiner Stelle gemacht? Wir sind ja auch oft zu feige, uns als seine Freunde zu zeigen."
Dann erleben die vier einen herrlichen Sonnenuntergang über der Stadt Jerusalem. Sie haben über vieles nachzudenken.

Wusstest du ...
dass die Kuppel der Kirche »Dominus Flevit« die Form einer großen Träne hat?

In Emmaus

AUF NACH KUBEBE

„Wenn ihr Lust habt, fahren wir morgen nach Emmaus!", sagt Georg beim Abendessen. Tina strahlt: „Und ob ich Lust habe! Aber wie kommen wir dahin? Wir haben doch kein Auto mehr!" „Helmut nimmt uns mit, ein befreundeter Priester aus Deutschland. Er muss morgen sowieso hin." „Emmaus, komisches Wort", sagt Paula, aber sie will natürlich dabei sein. Viele Christen vermuten Emmaus in dem arabischen Dorf Kubebe, etwa zwölf Kilometer nordwestlich von Jerusalem. Es könnte tatsächlich der Ort sein, von dem der Evangelist Lukas erzählt: „Und siehe, am gleichen Tag waren zwei von den Jüngern auf dem Weg in ein Dorf namens Emmaus, das sechzig Stadien von Jerusalem entfernt ist."

Wusstest du ...
dass 60 Stadien ca. 12 km sind?

Das Land ist durch eine Mauer geteilt. Ich finde es unheimlich, wenn wir über die Grenze müssen.

DIE GROSSE MAUER

Normalerweise ist so eine Strecke mit dem Auto schnell zu schaffen. Helmut aber muss seinen vier Fahrgästen erklären, dass Emmaus in der „Westbank" liegt, wo die Palästinenser seit Jahrhunderten leben. Die Regierung des Staates Israel will sie nicht mehr so einfach in israelische Wohngebiete lassen. Deshalb gibt es jetzt überall eine Mauer, die nur wenige Tore hat.

Viele Israelis sind gegen die Mauer, sie lebten früher mit den Palästinensern in guter Nachbarschaft. Andere wollen die ewige Angst loswerden, dass wieder im Bus oder auf der Straße jemand eine Bombe zündet, um möglichst viele Menschen mit sich in den Tod zu reißen. Die Kinder, auf dem Rücksitz mit Tina, hören gespannt zu, was Helmut da erzählt. Ist es jetzt auch für uns hier gefährlich?", fragt Paula. „Nein, uns will hier niemand etwas. Alle wissen, dass wir Geld und andere Hilfe ins Land bringen, zum Beispiel nach Emmaus. Unser ‚Deutscher Verein vom Heiligen Lande' hat hier ein Altenheim. Ihr werdet es gleich sehen: ein schönes altes Landhaus in einem riesigen Garten, voll von Ölbäumen. Ungefähr 30 meist alte Frauen aus der Umgebung werden hier gepflegt, weil sie keine Familien haben, die für sie sorgen können."

Das Pflegeheim ist sehr wichtig für die Menschen hier.

Die Bewohner freuen sich riesig über die Hilfe der Schwestern.

Wusstest du ...
dass die neue Pflegeschule
etwas ganz Besonderes ist? In der
Gegend gibt es nichts Vergleich-
bares und die jungen Menschen
sind sehr dankbar, dort
lernen zu dürfen.

HILFE FÜR DIE ARMEN

Schon sind sie am Tor und fahren mit knirschenden Reifen den Schotterweg zum Haus hinauf. Die Schwestern und ihre Helferinnen sind meist aus Deutschland und Österreich und freuen sich deshalb über Besucher, die sie unterstützen und mit denen sie Deutsch reden können. Zur Begrüßung gibt es herrlichen Saft, gepresst von den Weintrauben aus dem Garten. Die vier dürfen die Bewohnerinnen besuchen und die neuen Bäder sehen. Im Garten beobachten sie eine Großfamilie aus dem Dorf bei der Olivenernte. Schwester Hildegard erklärt: „Wir haben die ärmste Familie aus dem Dorf als Erntehelfer eingestellt. Wir verteilen kein Geld, sie sollen etwas dafür tun. Hier ist es übrigens Sitte, dass Frauen und Männer nicht am gleichen Baum ernten dürfen, aber wir bringen sie schon zusammen, wenigstens bei der Frühstückspause an einen Tisch." Paula und Jakob sammeln Pinienzapfen. Mit denen wollen sie die Weihnachtskrippe zu Hause schmücken. Alle genießen die gute Luft hier in den Bergen, sie duftet vom Harz der Pinien. Stolz zeigt Schwester Hildegard ihnen am Rand des Gartens die neue Pflegeschule, in der junge Menschen aus der Gegend Krankenpflege lernen. Sie werden dringend gebraucht, hier in ihrer Heimat.

Wusstest du ...

dass es mehrere Orte gibt, von denen behauptet wird, dass sie Emmaus sind? Leider kann man heute nicht mehr feststellen, welches der Ort ist, von dem in der Bibel erzählt wird.

BROT TEILEN

Am späten Nachmittag feiern sie mit Helmut und den Schwestern die heilige Messe in der schönen Hauskapelle. Alle können in großem Kreis um den Altar sitzen. Paula sagt plötzlich: „Ich freue mich auf die Kommunion." Beim Evangelium singt sie mit, was die zwei Jünger zu Jesus sagten, noch bevor sie ihn erkannt hatten: „Herr, bleibe bei uns; denn es will Abend werden und der Tag hat sich geneiget." Paula kennt das Lied gut, weil Papa oder Mama es oft mit ihr beim Abendgebet zu Hause singen. Zum Abschied winken die Schwestern, bis das Auto um die Ecke gebogen ist. Dann besuchen sie die schöne große Kirche im Ort. Leider kommen kaum noch Besucher. Alle Christen haben den Ort verlassen und Besucher finden selten her. Onkel Georg zeigt den Kindern über dem Altar ein Bild, wo Jesus mit den beiden Jüngern das Brot bricht: „Da gingen ihnen die Augen auf. Hoffentlich versteht das auch unser Kommunionkind schon." Paula schaut ihn an, ohne etwas zu sagen. Sie ist froh, dass er wohl jetzt keine Antwort erwartet. Es gibt eben Sachen, die kann man fühlen, aber kaum in Worte fassen.

Der Tempelplatz

Die al-Aksa-Moschee ist eine der wichtigsten Moscheen für die Muslime.

WO SIND PAULA UND JAKOB?

Kaum sind sie an diesem Abend zurück in Jerusalem, sind plötzlich die Kinder verschwunden. „Sie werden schon nicht allein auf die Straße gelaufen sein", beruhigt Georg seine Frau. „Den ganzen Tag nur mit Erwachsenen zusammen – jetzt müssen sie auch mal allein sein dürfen."

Als aber die Sonne untergegangen ist und es – wie immer – danach schnell dunkel wird, macht sich

Das ist der Felsen- dom. Leider dürfen wir nicht hinein.

der Onkel doch auf die Suche. Er findet Paula und ihren Freund oben auf der großen Terrasse. Sie hat ihre Lieblingspuppe auf dem Arm und erklärt ihr gerade: „Siehst du, Lisa, die große goldene Kuppel da drüben, das ist der Felsendom. Er gehört den Muslimen. Schade, dass wir da nicht hineindürfen!"

Leise stellt Onkel Georg sich neben die Kinder und sagt: „Ja, das ist wirklich sehr schade, aber gerade jetzt im Fastenmonat Ramadan lassen sie keine Andersgläubigen hinein, damit sie bei ihren Gebeten nicht gestört werden. An den Toren des großen Platzes stehen immer israelische Soldaten und passen auf, dass nichts Schlimmes passiert. Zur Zeit Jesu war da der Tempelplatz und Jesus war oft mit seinen Jüngern dort und sprach mit den Leuten, wenn er in Jerusalem war. Die jüdischen Priester haben dort auf einem großen Altar ungefähr 1000 Jahre lang täglich Tiere als Opfer für Gott verbrannt, bis die Römer im Jahre 70 den Tempel und die ganze Stadt zerstört haben."

WIE BETEN MUSLIME?

„**Weit hinten seht ihr das schwarzgraue Dach** der Al-Aksa-Moschee. Am Eingang muss man, wie in jeder Moschee, die Schuhe auszuziehen."

Onkel Georg hat uns Fotos vom Felsendom gezeigt. Er ist auch innen wunderschön verziert.

„Und wenn man die nachher nicht mehr wiederfindet?", will Jakob wissen. „Das habe ich noch nie gehört! Es stehen schwere Strafen auf den Diebstahl von Schuhen an der Moschee. Wenn ich früher da drüben war, habe ich meine immer wohlbehalten unter Hunderten anderen wiedergefunden. Es ist übrigens sehr schön, nur auf Strümpfen oder barfuß über die dicken Teppiche zu gehen, die in der Moschee überall dicht nebeneinanderliegen. Bevor sie zum Beten hineingehen, waschen sich die Gläubigen draußen an Brunnen oder Becken Gesicht, Arme und Füße. So etwas Ähnliches machen wir ja auch am Eingang unserer Kirchen." „Ach, ja, die Weihwasserbecken", sagt Paula. „Nur sind die ja ziemlich klein, da kann man fast nur die Fingerspitzen nass machen." Paula malt sich im Stillen aus, wo in ihrer Kirche zu Hause ein größeres Waschbecken Platz hätte. Dann will sie wissen: „Wie beten Muslime eigentlich? Haben die auch Bänke auf den Teppichen zum Knien wie wir?" „Nein", erklärt der Onkel, „sie knien sich direkt auf die Teppiche, dann legen sie die Hände hinter beide Ohren, weil sie jetzt auf Gott hören wollen, schließlich berühren sie den Boden mit der Stirn – sie ergeben sich. Ihre Religion heißt ja ,Islam' und das bedeutet ,Hingabe': Hingabe an Gott. Ein Muslim ist also ein Mensch, der sich Allah hingibt.

GOTT IST GRÖSSER

Ihr merkt, Kinder, auch wenn wir uns an Jesus halten und Christen sind, wir haben manches gemeinsam und wir können alle auch etwas voneinander lernen. Ob Juden, Christen oder Muslime, in dieser Stadt suchen wir alle den Einen! Wisst ihr, was bei der Einladung zum Gebet immer als Erstes von der Moschee zu hören ist? Allahu akbar. Das heißt: Gott ist größer! Immer noch viel größer, als wir es uns vorstellen können."

Dann wird es still auf der Dachterrasse. Der Mond lässt jetzt ein silbriges Licht auf Jerusalem fließen, auf alle Kuppeln, alle Kirchtürme und Hausdächer und auf die blauen Wände des Felsendoms. Und Onkel Georg sagt, fast nur zu sich selbst: „Allahu akbar."

FELSENDOM

Hebräischer Name:
כיפת הסלע

Arabischer Name:
قبة الصخرة

Erbaut: zwischen 687 und 691

Kuppel: Höhe: 11,5 m, Durchmesser: 20,40 m

Das Besondere: Muslime glauben, dass Mohammed von dem Felsen, der heute in der Moschee ist, in den Himmel aufgefahren ist.

In Betlehem

ÜBER DIE GRENZE

Der Bus ist alt und etwas klapprig, dafür kostet er auch nur ein paar Schekel. Nach ungefähr elf Kilometern müssen sie an der Stadtgrenze von Jerusalem aussteigen. Kein Linienbus darf über die Grenze. „Also", sagt Onkel Georg, „lasst uns nach Betlehem gehen. Das haben die Hirten in der Heiligen Nacht ja auch gemacht, wie uns Lukas erzählt."

Als Paula die vielen Soldaten mit ihren Maschinenpistolen sieht, fasst sie ihren Onkel fester an der Hand. Auch Jakob ist es etwas mulmig zumute. Trotzdem möchte er sich nichts anmerken lassen, er ist schließlich schon groß. Aber niemand tut ihnen etwas, sie werden nicht einmal nach den Ausweisen gefragt. Sie können einfach so durch das Tor in der hohen Mauer gehen.

DAS HIRTENFELD

Ein unentwegt redender Taxifahrer bringt sie zum „Hirtenfeld" in Beit Sahour, einem Vorort von Betlehem. Heute früh sind sie die einzigen Besucher. Ein Gärtner schließt ihnen eine der Höhlen auf. Die Kinder staunen: Die Höhle ist innen wie eine kleine Kirche eingerichtet. Im Hintergrund sieht man Schafe aus Holz. Sie erinnern daran, dass hier früher wohl ein Schafstall war. In einem Holzstoß zuckt eine rote Lampe. Es sieht aus wie ein Hirtenfeuer. Onkel Georg liest ihnen aus dem Weihnachtsevangelium vor, wie der Engel den Hirten die große Freude verkündet. Dann singen sie zusammen, „Gloria in excelsis Deo" – wie Weihnachten beim Krippenspiel. Es klingt sehr schön in der großen Höhle.

Dann gehen sie zur griechisch-katholischen Schule im Ort. Die Deutschlehrerin der Schule führt sie zum Lehrerzimmer, wo es Tee gibt, und dann zum Pfarrer, der auch in der Schule sein Büro hat. Auf dem Schulhof ist gerade Pause. Paula und Jakob werden sofort umringt von vielen Jungen und Mädchen, die so alt sind wie sie und schwarze Haare haben. Alle haben fröhliche Gesichter und sind gleich angezogen: hellblau oder dunkelblau, nur die Jüngsten rot-weiß. Jakob und Paula können es kaum glauben: In der Schule hier kann man vom Kindergarten bis zum Abitur bleiben! So ist das hier im Land oft. Dann schellt es zum Unterricht.

DIE GEBURTSKIRCHE

Mit dem Bus fahren sie nach Betlehem. Dort stehen sie vor einer der beiden ältesten Kirchen der Welt. Die „Geburtskirche" in der Mitte von Betlehem wurde schon im 4. Jahrhundert, also vor 1700 Jahren erbaut. Alle Erwachsenen müssen sich beim Hineingehen bücken, Kinder nicht. Die Tür war einmal groß, man kann noch sehen, dass sie später zugemauert worden ist. Es gab nämlich Eroberer, die ständig mit ihren Pferden hineinreiten wollten. „Ja", sagt Tina zu ihrem Mann, „hier müssen alle von ihrem hohen Ross herunter. Wer der Menschwerdung Gottes näherkommen will, der muss sich bücken – wenn er nicht ein Kind ist!" Innen empfängt sie ein riesiger Kirchenraum mit vielen großen Säulen, braun wie Baumstämme. Vorne bestaunen sie eine Wand voll wunderschöner Bilder von Jesus, Maria und vielen Heiligen.

> Die Geburtskirche ist die zweitälteste Kirche der Welt.

> **Wusstest du ...** dass in der Geburtsgrotte über dem Stern 15 verschiedene Lampen hängen? Sie stehen für die verschiedenen Religionsgemeinschaften.

> Da, wo der silberne Stern ist, soll Jesus geboren worden sein.

Davor hängen bunte Kugeln – wie an vielen Christbäumen bei uns. „Hier in Betlehem ist eigentlich immer Weihnachten", sagt Onkel Georg. Dann steigen sie steile Stufen herunter. „Leise", flüstert Tina, „jetzt geht es in die Geburtsgrotte!" Paula und Jakob dürfen sich vor den silbernen Stern knien, der im Licht der Öllampen schimmert, und Georg übersetzt ihnen, was in lateinischer Schrift auf dem Stern zu lesen ist: „Hier wurde von der Jungfrau Maria Jesus Christus geboren." Dann können sie erst mal gar nichts mehr sagen. Sie genießen die Stille

> In der Altstadt kann ich mir richtig gut vorstellen, wie Maria und Josef hier vorbeigekommen sind und eine Herberge gesucht haben.

HAUS DES BROTES

Später gehen sie noch in die große Katharinenkirche nebenan. Aus einer der Höhlen dort schallt „Stille Nacht, heilige Nacht". Eine deutsche Pilgergruppe beendet gerade die heilige Messe und unsere vier setzen sich gerne auf die Stufen und singen mit.

Beim Mittagessen in einem arabischen Restaurant am sogenannten Krippenplatz erklärt Onkel Georg, dass ‚Betlehem' Hebräisch ist und auf Deutsch „Haus des Brotes" heißt. „Das passt doch gut", sagt Paula, „Jesus wurde ja auch unser Brot!" Tina schaut ihren Mann von der Seite an: Beide freuen sich, dass Paula schon so viel verstanden hat. „Übrigens", ergänzt der Onkel, „‚Betlehem' ist auch Arabisch. Da heißt es ‚Haus des Fleisches'. So sagen wir doch immer im Glaubensbekenntnis: ‚Das Wort ist Fleisch geworden.'"

BETLEHEM

Hebräischer Name:
בית לחם
Arabischer Name:
بيت لحم

Einwohner: ca. 30.000
Das Besondere: Nicht nur Jesus, sondern auch König David soll hier geboren worden sein.

WAS WEIHNACHTEN WICHTIG IST

Nach dem Essen bummeln sie noch durch Betlehem. Schließlich stehen sie vor dem berühmten Caritas-Baby-Hospital. Man erkennt es an dem Zeichen der zwei Wickelkinder auf der Hauswand und dem roten Flammenkreuz der Caritas. Hier können auch die Armen ihre kranken Kinder hinbringen, selbst wenn sie nicht viel bezahlen können. Das geht, weil viele Menschen aus Europa für das Krankenhaus spenden. „Wer so etwas tut", meint Tina, „hat verstanden, was Weihnachten ist."

Wusstest du ...
dass Jesus vielleicht nicht in einem Stall, sondern in einer Höhle geboren wurde? Das ist wahrscheinlich, da Hirten damals ihre Tiere oft in Höhlen hielten.

Zu Besuch bei der Großmutter

DIE OMA JESU

„Heute besuchen wir die Großmutter", verkündet Onkel Georg am nächsten Morgen im Speisesaal. Paula fällt vor Lachen beinahe das Frühstücksei aus der Hand. „Meine Oma wohnt aber ein bisschen weit von hier weg." „Ich meine ja nicht deine, sondern die von Jesus!", klärt der Onkel sie auf. „In der Bibel steht nicht, wie sie hieß, aber die Christen nennen sie schon jahrhundertelang „Anna" oder „Hanna" – ein häufiger jüdischer Name. Hier in Jerusalem ist ihr eine wunderschöne Kirche geweiht." „Ich will aber nicht schon wieder so weit laufen", mault Paula und wischt sich das Eigelb von den Fingern. „Keine Sorge, meine Dame", tröstet Georg sie, „es sind wirklich nur zehn Minuten von hier. Auf dem Weg zum Ölberg sind wir schon vorbeigekommen!"

Wusstest du ...
dass die St.-Anna-Kirche vor über 800 Jahre von den Kreuzfahrern gebaut wurde?

IN DER ST.-ANNA-KIRCHE

Auf dem Hof vor der Kirche begrüßt sie ein Priester mit langem weißen Gewand. „Das ist ein Weißer Vater", erklärt Onkel Georg. „Er gehört zu den Afrikamissionaren. Die hüten hier die Kirche. Sie ziehen sich so ähnlich an wie viele Männer in Nordafrika." Auf Englisch fragt der Pater die Kinder nach ihren Namen und ihrem Alter. Zu blöd, denken beide, dass wir erst so wenig Englisch können. Der könnte uns bestimmt spannende Sachen aus Afrika erzählen.

Die Kirche ist innen fast kahl, aber die mächtigen Mauern geben einem das Gefühl, in Sicherheit zu sein, wie in einer Burg Gottes. Onkel Georg stimmt ein schönes Halleluja an und Paula und Jakob sind ganz überrascht, wie lang der Ton hier nachklingt.

An der Seite sieht Paula eine große Figur der Mutter Anna mit ihrer Tochter. „Maria ist hier ungefähr in deinem Alter!", sagt Tante Tina zu ihr. Das gefällt Paula natürlich: „Und sie hat auch meine Lieblingsfrisur", stellt sie fest. „Geflochtene Zöpfe, gebunden zu einem Kranz. Das macht meine Mama mir manchmal, aber leider sind meine Haare noch nicht so richtig lang." Vor der Figur von Anna und Maria zündet Paula eine Kerze für ihre eigene Großmutter an, die sich vor der Reise so große Sorgen um ihr Enkelkind gemacht hat. Dann singen sie „Lobet und preiset ihr Völker den Herrn", sogar dreistimmig im Kanon. Das klingt herrlich in der Kirche. „Wisst ihr eigentlich, wie Mutter Anna ihre Tochter rief?", fragt Tina. „Ja,

> Auf diesem Bild kann man gut erkennen, wie zwei Hebammen die neugeborene Maria waschen.

> Anna mit Maria, die sie Miriam nannte

natürlich: Maria!" „Nein, das denken viele, aber es stimmt nicht. Maria ist die lateinische und die deutsche Form des Namens, aber ihre Mutter rief sie ‚Miriam'. „Das ist ein sehr schöner Name. In unserer Klasse gibt es auch ein Mädchen, das so heißt. Stimmt's, Jakob? Vielleicht nenne ich meine erste Tochter auch so." Da müssen Georg und Tina lachen: So weit plant Paula schon!

EINE WOHNUNG IM FELSEN

In der Unterkirche kann man wieder die Wände einer Felsenwohnung entdecken. Ja, hier könnten wirklich einmal Menschen gewohnt haben. Manche meinen, dass Miriam, die später ja in Nazaret wohnte, in Jerusalem geboren und aufgewachsen ist. Ihr Vater, den wir Joachim nennen, soll hier für die Opfer im Tempel Schafe gezüchtet haben. Und Miriam soll eine „Tempeljungfrau" gewesen sein; wir würden vielleicht „Ministrantin" oder „Messdienerin" sagen. Das ist eine hübsche Legende: Sie bringt die Muttergottes von Geburt an mit der Wohnung Gottes in Verbindung.

Ganz entzückt ist Tina von einem liebevoll geschmückten Bild über dem kleinen Altar. Da erkennt man nicht nur die Geburt der Miriam, sondern auch eine Badewanne, in der zwei Hebammen das neugeborene Mädchen waschen. Wasser gab es hier jedenfalls immer reichlich. Gleich vor der Kirche sieht man die Ausgrabungen des ehemaligen Schafteichs. Sie klettern wieder viele Stufen hinunter und Onkel Georg liest aus seiner Bibel vor, wie Jesus hier einen Mann heilte, der schon 38 Jahre lang krank war. Jakob lässt einen kleinen Stein in das Wasser tief unten plumpsen. Das klingt eigenartig in dem uralten Gewölbe.

Müde sitzen sie dann unter einer Palme neben der Kirche im Schatten und Paula flicht aus zwei heruntergefallenen Zweigen ein Kreuz. Das sieht aus wie Palmsonntag und Karfreitag in einem.

Wusstest du ... dass die Kirche zwischendurch als Moschee genutzt wurde? Die Muslime haben den Christen die Kirche später wieder zurückgegeben.

ANNA UND JOACHIM

Gedenktag: 26. Juli
Legende: Der Legende nach war Joachim ein frommer Mann, der Geld für den Tempel spenden wollte. Seine Spende wurde vom Hohepriester abgelehnt, weil Anna keine Kinder hatte. Das galt als Strafe Gottes. Daraufhin ging Joachim für 40 Tage in die Wüste, um zu beten, und Anna bekam endlich ein Kind – Maria.

Auf der Via Dolorosa

DIE SCHMERZVOLLE STRASSE

Mit dem kleinen Palmkreuz gehen sie wieder hinaus auf die schmale Straße. „Die hat aber einen komischen Namen", wundert sich Jakob, als er das Straßenschild gelesen hat: „Via Do-lo-rosa?"

„Das ist Latein", erklärt ihm Georg, „es bedeutet ‚schmerzvolle Straße'. Hier gehen oft Pilger, Christen aus aller Welt. Mit einem großen Holzkreuz auf den Schultern gehen sie und denken daran, wie Jesus sein Kreuz durch die Straßen dieser Stadt tragen musste. Freitags um drei Uhr kommen besonders viele zu der Prozession, weil um die Zeit Jesus gestorben ist. An den Anfang seines Leidensweges erinnert die kleine Kirche in einem Hof an der Straße. Für den Kreuzweg ist hier die erste Station: ‚Jesus wird zum Tode verurteilt.'" „Genau wie bei uns zu Hause in der Kirche", erinnert sich Paula. „Da sieht man auch auf einem Bild Jesus vor dem Richter stehen, mit

gefesselten Händen!" Oben in der Kuppel der Kirche sehen sie eine riesige Dornenkrone und im Fenster, wie Jesus gegeißelt wird. „Was heißt das: gegeißelt?", will Jakob wissen. „Man bindet ein Bündel Stricke zusammen und schlägt den Verurteilten damit auf die bloße Haut, immer wieder, bis er blutet."

Dann singt Onkel Georg leise: „O Haupt voll Blut und Wunden, voll Schmerz und voller Hohn" und Tina singt bald mit. Die Kinder kennen das Lied noch nicht, sie hören aufmerksam zu.

Als sie wieder auf der „schmerzvollen Straße" sind, sagt Tina: „Was wir da vom Leiden Jesu hören, ist gar nicht so weit weg: Schaut mal, da kommen zwei Frauen mit schwerbehinderten Kindern im Rollstuhl, sie gehen sicher hier zum Beten auf den Tempelplatz." An einer Ecke steht ein Mann auf Krücken gestützt, er hat nur noch ein Bein. Er bittet die Vorübergehenden um eine Spende.

Wusstest du …
dass die Via Dolorosa ursprünglich nur vier Stationen hatte? Heute sind es 14.

WIE JESUS VERURTEILT WURDE

Dann schallt plötzlich über alle Dächer der Gesang des Gebetsrufers. Er ruft die gläubigen Muslime, Männer, Frauen und Kinder, zum Mittagsgebet. Heute ist Freitag, da kommen immer besonders viele. „Vorigen Freitag sollen hier 60.000 gekommen sein. Stellt euch vor, da würde jemand einen Stein aufheben! Nicht auszudenken, wie die Wut der Palästinenser auf die Soldaten Israels sich plötzlich steigern könnte. Zur Zeit Jesu hatten die Römer hier die Macht über die Juden und Jesus wurde ein Opfer der Politik. Oben auf seinem Kreuz stand ja auf einem Schild: ‚Jesus von Nazaret, König der Juden'. Die Spannungen heute erinnern sehr an damals. Dass Pilatus mit dem Todesurteil über Jesus so schnell fertig war, das hatte nur einen Grund: Er hatte Angst, dass es einen Aufstand geben könnte. Es waren ja auch damals besonders viele Menschen in der Stadt wegen des Osterfestes. Jetzt bringt der Ramadan, der Fastenmonat der Muslime, so viel Leute hier zusammen.

Jesus wurde von Pilatus geopfert, weil er keinen Ärger bekommen wollte. Ruhe und Ordnung aufrechtzuerhalten, das war eine der Hauptaufgaben eines Prokurators." Georg fügt hinzu: „Pilatus hatte schon so viele Menschen töten lassen, da kam es ihm auf einen mehr oder weniger nicht mehr an, auch wenn er Jesus vielleicht sympathisch und unschuldig fand."

Auf der Via Dolorosa ist ganz schön viel los.

Überall gibt es hier Stände, an denen leckeres Brot verkauft wird.

Wusstest du …
dass man in einer Kirche, die zum Kreuzweg gehört, noch das originale Straßenpflaster aus der Zeit Jesu sehen kann?

Wusstest du …
dass Latein die Sprache der Römer war? Es war im Römsichen Reich die Sprache von Militär und Verwaltung, die einfachen Leute sprachen aber weiterhin ihre eigenen Sprachen.

DAS-ICH „Pilatus wusste ja nicht, wer Jesus wirklich war", meldet sich jetzt Paula zu Wort, „sonst hätte er vielleicht …" Sie wusste nicht, wie sie den Satz beenden sollte. Sie schoben sich weiter durch die Menge auf der „schmerzvollen Straße". Da kommt ihnen ein Junge entgegen, der auf dem Kopf ein riesiges Brett balanciert. Oben auf dem Brett liegt ein hoher Stapel von frischem Fladenbrot. „So ein Brot nahm Jesus an dem Abend vor seinem Tod", sagt Onkel Georg, als das Gedränge etwas nachlässt. „Er nahm das Brot, riss es auseinander und gab jedem am Tisch ein Stück davon. Du weißt ja, was er dazu sagte." „Ja, klar", antwortet Paula: „Das ist mein Leib!" „Ja, so ist es für uns aufgeschrieben worden", erklärt er ihr im Weitergehen, „aber richtiger übersetzen wir das, was Jesus beim Brotteilen sagte, ganz einfach so: ‚Das-ich!' In seiner Sprache heißt ‚mein Leib' so viel wie ‚ich' und das Wörtchen ‚bin' wurde gar nicht ausgesprochen."

Paula weiß nicht genau, ob sie das verstanden hat, aber sie fühlt, dass es für ein Kommunionkind sehr wichtig ist, gerade das gut zu verstehen.

Beim Abendessen reißt Paula plötzlich ein Stück von dem kleinen Fladenbrot neben ihrem Teller ab: Sie gibt es ihrem Freund Jakob und sagt: „Das-ich!"

Willst du mal sehen, was du von der
Reise mit Paula und Jakob
behalten hast?

Die Antworten auf die folgenden Fragen findest du in der Silbenkiste. Wenn du die Silben richtig zusammengesetzt hast, ergeben die ersten Buchstaben, von oben nach unten gelesen, den Heimatort von drei Freunden Jesu: Simon, Andreas und Philippus. Er liegt ganz nahe bei Kafarnaum!

1. Wo steht die Geburtskirche?

2. Ein anderes Wort für „Frohe Botschaft"!

3. Die größte Stadt am See Gennesaret heute?

4. Wer wurde als Erster getötet, weil er unbedingt
   zu Jesus gehören wollte? (Das Löwentor in Jerusalem
   trägt auch seinen Namen.)

5. Wie heißt der Bruder des Simon Petrus, der auch Fischer war?

6. Der Name des jüdischen Volkes?

7. Der berühmteste König in Jerusalem?

8. Wie nennt man die ersten zwölf Freunde Jesu zusammen?

Lösungswort: _____

Die Silbenkiste:

**HEM-UM-AS-NUS-A-IS-
DA-AN-TI-E-BET-AS-EL-
VID-LE-VAN-BE-PHA-DRE-
RA-GE-STEL-PO-RI-LI-STE**

DIE REISE NACH JERUSALEM

Nicht jeder kann wie Paula und Jakob nach Jerusalem reisen. Aber es gibt schon lange ein lustiges Spiel, das du vielleicht für den nächsten Kindergeburtstag vorschlagen kannst:
In einer langen Reihe werden Stühle „Rücken an Rücken" aufgestellt, ein Stuhl weniger, als Mitspieler da sind. Während eine schöne Musik abgespielt oder sogar selber gemacht wird, laufen alle um die Stühle herum. Plötzlich stoppt die Musik, dann setzen sich alle schnell auf einen der Stühle. Wer keinen Stuhl mehr bekommt, muss leider ausscheiden. Dann wird ein Stuhl weggenommen und die Musik und die Wanderung geht wieder los. Das geht so lange weiter, bis für drei Kinder nur noch zwei Stühle da sind. Die beiden „Sieger" haben die Reise nach Jerusalem geschafft!

Auf dem Berg Zion

DAS JAFFATOR

Die Nachmittagssonne bringt die Mauer der Altstadt zum Leuchten, als sie zum Jaffator gehen. „Das steht manchmal auf den Apfelsinenkisten!", weiß Jakob. „Ganz richtig", bestätigt Georg. „Wenn ‚Jaffa' draufsteht, sind sie von hier. Es ist der Name der alten Hafenstadt, die Jerusalem am nächsten liegt. Da kamen früher viele Pilger an, per Schiff über das Mittelmeer."

Als sie durch das Tor gegangen sind, stehen sie vor einem mächtigen eckigen Turm. „Diese Burg hat der berühmte König Herodes bauen lassen. Wahrscheinlich wohnte auch Pilatus hier, wenn er in Jerusalem war. Deshalb nehmen viele Forscher an, dass Jesus hier verurteilt wurde."

Wusstest du …
dass der Berg Zion
765 m hoch ist?

IM ABENDMAHLSAAL

Schließlich gelangen sie auf einen Bergrücken. Von hier aus haben sie eine herrliche Aussicht auf den Ölberg gegenüber und auf andere Berge, die Jerusalem umgeben. „Diesen Berg hier nennt man den neuen Zion, da unten liegt der alte mit der Davidsstadt." Sie gehen in eine ganz kleine Synagoge der Juden, die man das Davidsgrab nennt, obwohl eigentlich niemand glaubt, dass der König hier vor fast 3000 Jahren begraben wurde. „Ich kann das verstehen", sagt Tina. „Man braucht einen Ort, um an die Toten zu denken, die einem wichtig sind." Gleich am Eingang daneben geht es zu einem großen Saal mit schönen Säulen und Gewölben. „Den haben die Kreuzritter im Mittelalter gebaut und ihn Abendmahlsaal genannt, also auch ein Gedenkort. Er ist für uns Christen wichtig. Wir wissen nicht genau, wo Jesus beim letzten Abendmahl mit den Jüngern war, aber sicher war es hier auf dem Berg und wir glauben, dass er heute überall bei uns ist, wo wir uns wegen ihm versammeln."

DORMITIO MARIÄ

Hier auf dem Berg waren auch die Freundinnen und Freunde von Jesus mit seiner Mutter zusammen, als er gestorben war. Hier warteten sie gemeinsam auf die Kraft von Gott, die wir den „Heiligen Geist" nennen. Hier wurden sie ganz sicher: Der Tote lebt, ganz neu, bei Gott, also auch bei uns hier. Deshalb ist der Berg Zion der Geburtsort der Kirche für die ganze Welt. Bis heute und überall können wir Jesus spüren. Wir hören sein Wort und teilen das Brot, damit wir ihn ganz in uns und in unsere Gemeinschaft aufnehmen.

Die große Kirche, vor der sie jetzt stehen, hat einen lateinischen Namen „Dormitio Mariä". Sie gehört zu einem Kloster, in dem seit über 100 Jahren deutsche Mönche leben. Übrigens: Die Mönche am See in Tabgha gehören auch zu dieser Klostergemeinschaft.

Plötzlich geht eine laute Sirene los. „Keine Angst!", erklärt ihnen ein junger Mann, der im Klosterladen arbeitet: „Die Sonne geht unter, der Sabbat beginnt. Heute ist ja Freitag. Alle Juden müssen aufhören zu arbeiten und beginnen den Ruhetag."

Dann besuchen sie die schöne große Kirche. An den Seitenaltären sind deutsche Heilige und deutsche Dome abgebildet. „Eine deutsche Insel in Jerusalem", sagt Tina und Georg ergänzt: „Und eine, die viel für den Frieden tut und deshalb im Land hier sehr angesehen ist, bei den meisten jedenfalls."

Zuerst dachten wir, da läge wirklich ein Mensch.

EIN LIED FÜR MARIA

Dann steigen sie herunter zur Krypta, der Unterkirche. Jakob und Paula trauen ihren Augen nicht: Da liegt eine Frau auf einem hohen Bett, mit einem Kopftuch. Kerzen brennen zu ihren Füßen. Beim Näherkommen merken sie: Die Frau bewegt sich nicht. Sie ist aus Stein. „Das soll die Mutter Maria sein", sagt Georg leise. „Maria beim Sterben! Deshalb der Name der Kirche: ‚Entschlafung Marias'. Es wird seit langer Zeit erzählt, dass Maria hier auf dem Zion gestorben ist und dass die Apostel aus der ganzen Welt an ihr Sterbebett gekommen sind."

In der Krypta stehen viele schwarz gekleidete Männer herum. „Das sind spanische Priester", sagt Tina. Sie reden laut und durcheinander. Das findet Onkel Georg schrecklich: gerade hier jetzt so ein Gequatsche! Aber er hat ja hier nichts zu sagen und kann sie nicht um Ruhe bitten. Und so stimmt er, als die Priester eine Atempause machten, einfach ein lateinisches Lied an: „Salve Regina". Sofort singen alle mit. So viele kräftige Männerstimmen, es schallt bestimmt bis oben! „Was heißt das, was die da singen?", fragt Paula leise. „Gegrüßet seist du, Königin", übersetzt ihr Tante Tina. Als die Priester fertig gesungen haben und wieder gegangen sind, betet Paula das „Gegrüßet seist du, Maria" allein, so wie sie es von der Oma gelernt hat. Hell klingt ihre Stimme durch den Raum. Jakob kennt dieses Gebet nicht.

Dann gehen alle wieder nach oben und hinaus in die Dämmerung. In Jerusalem gehen schon die Lichter an.

Wusstest du ... dass Dormitio Mariä Latein ist und »Entschlafung oder Heimgang Marias« bedeutet?

AVE MARIA

Gegrüßet seist du, Maria,
voll der Gnade,
der Herr ist mit dir.
Du bist gebenedeit
unter den Frauen,
und gebenedeit ist die Frucht
deines Leibes, Jesus.

Heilige Maria, Mutter Gottes,
bitte für uns Sünder
jetzt und in der Stunde
unseres Todes.

Amen.

Kennst du dich aus?

In den letzten Tagen haben Jakob und Paula so viel gesehen, dass sie sich kaum noch an alles erinnern können. Zum Glück hat Jakob so viele Fotos gemacht. Kannst du ihm helfen, die Bildausschnitte zuzuordnen?

7

8

9

10

ROSA

11

12

13

14

15

An der Westmauer des Tempels

DER SABBAT BEGINNT

Heute ist wohl ein besonderer Abend. Mit dem Untergang der Sonne ist auch der Alltag untergegangen. Am Freitagabend beginnt jede Woche der Sabbat. Paula und Jakob staunen über die vielen Menschen, die hier auf dem großen Platz zusammengekommen sind. Sicher ein paar Tausend. Auch viele Kinder springen herum. Sie fühlen sich offenbar wie zu Hause. Viele begrüßen sich herzlich, bevor sie an die Mauer zum Beten gehen. Sie sagen: „Schabbat schalom! – Sabbat: Frieden!" Starke Scheinwerfer vertreiben die Dunkelheit.

> Alle Männer haben ihren Kopf bedeckt. Sie tragen festliche Kleidung.

Wusstest du ... dass kein Mann und kein Junge ohne Kopfbedeckung an die Mauer kommen darf?

Die großen Steine der Mauer sind der Rest des jüdischen Tempels, den König Herodes vor über 2000 Jahren ausbauen ließ. Im Markusevangelium können wir lesen: „Als Jesus den Tempel verließ, sagte einer von seinen Jüngern zu ihm: Meister, sieh, was für Steine und was für Bauten! Jesus sagte zu ihm: Siehst du diese großen Bauten? Kein Stein wird hier auf dem andern bleiben, der nicht niedergerissen wird."

DER ZERSTÖRTE TEMPEL

„Im Jahr 70, also ungefähr 40 Jahre nach seiner Kreuzigung hier drüben, wurden tatsächlich Jerusalem und der Tempel von den Römern zerstört. Deshalb sind diese letzten Steine den Juden so kostbar: Hier war über 1000 Jahre ein herrliches Haus für Gott. Aber ER ist doch auch heute noch hier, ganz besonders hier. Das glauben sie fest. Deshalb müssen alle Männer den Kopf mit einem Hut oder einem kleinen Käppchen bedecken." Onkel Georg setzt das auf, das er schon in der Tasche bereit hat, und gibt auch Jakob eins aus einem großen Korb. Tina geht mit Paula auf die andere Seite. Da dürfen hinter einer niedrigen Holzwand die Frauen beten.

Zwischen den Steinen, in den Ritzen der Mauerfugen, entdecken Jakob und Paula schon von Weitem etwas Weißes. Was ist das denn? Hier darf man alle Bitten und Sorgen abgeben. Man darf sie auf ein Zettelchen schreiben. Viele Leute lesen in einem Buch, aber nicht gemeinsam. Die meisten Männer sind schwarz gekleidet, aber sie sehen nicht traurig aus.

Auf den Zetteln in der Mauer stehen Gebete.

BESONDERE GEBETE

Da vorne – also so was! Jakob muss lachen: Da tanzen Männer im Kreis, sie haben sich an den Händen gefasst, bestimmt 20 oder mehr. Junge Männer, alte Männer, modisch gekleidet oder altmodisch, mit langen weißen Bärten oder glatt rasiert, schwarze Hüte oder braune Pelzhüte. Sie singen laut beim Tanzen. „Warum machen die das?", fragt Jakob. „Bei uns tanzt niemand in der Kirche, höchstens mal der Kindergarten." Georg erklärt ihm: „So sehr freuen sie sich über die Thora, über Gottes Wort in der Bibel. Sieh mal, einer hat eine große Rolle im Arm. Da stehen die ersten fünf Bücher der Bibel drin. Er hält sie lieb wie seine Braut und tanzt in der Mitte der anderen!"

„Das muss ich mal unserem Pfarrer erzählen", sagt Jakob. „Bei uns in der Kirche sehen die Leute immer so ernst aus!"

Paula will auch einen Zettel schreiben. Zum Glück hat Tante Tina einen Kugelschreiber in der Jackentasche und ein Fetzchen Papier findet sie auch. Paula schreibt nur „Papa, Mama, Oma" auf den Zettel, dann steckt sie ihn zusammengerollt in eine freie Ritze.

KLAGEMAUER

Hebräischer Name:
הכותל המערבי
Höhe: ca. 19 m
Breite: ca. 488 m
Was passiert mit den Zetteln? Zettel, die herausfallen, werden aufgesammelt. Im Herbst werden alle Zettel entfernt und am Ölberg begraben.
Warum wird der Tempel nicht wiederaufgebaut? Weil dort jetzt der Felsendom und die Al-Aka-Moschee liegen. Es gibt dort immer wieder Streit zwischen Juden und Muslimen.

Männer und Frauen beten hier getrennt. Ganz schön viel los, oder?

WAS FÜR EIN GEWIMMEL

Schließlich treffen sich alle vier wieder an dem Ausgang zur Altstadt. Im christlichen Viertel schließen gerade die Geschäfte. Im jüdischen Viertel ist längst alles zu. Nur im islamischen Viertel herrscht noch Hochbetrieb; denn jetzt dürfen die muslimischen Familien endlich wieder etwas essen und trinken. Das feiern sie jetzt im Fastenmonat jeden Abend, manchmal sogar mit Knallern und Feuerwerk.

„Falls wir uns hier verlieren sollten, Kinder, müsst ihr nur sagen: Damaskus-Gate? Jedes Kind weiß hier, wo das Tor ist, gleich gegenüber unserem Paulus-Haus!" Jakob ist so aufgedreht, dass er sich jetzt einen Spaß daraus macht und vorläuft. Immer wieder spricht er jemanden an: Damaskus-Gate? Alle sind lieb zu dem netten blonden Jungen und zeigen ihm den Weg.

Beim Abendessen denken sie an die jüdischen Familien, die sich jetzt überall bei Kerzenlicht zum Sabbatessen zusammensetzen, dankbar für das Geschenk dieses Ruhetages. „Das dritte Gebot ist ein Segen – nicht nur für die Juden!", sagt Onkel Georg. Schweigend genießen sie eine Weile das leckere Abendessen, ihr letztes im Heiligen Land.

STADT DES FRIEDENS

„In Jerusalem können wir Menschen viel lernen!", sagt Tina und nippt nachdenklich an ihrem Rotwein aus Betlehem. „So verschiedene Menschen leben hier zusammen! Drei Religionen ist diese Stadt heilig. So ähnlich konnte es doch überall werden: verschieden und doch friedlich! Alle können von allen etwas lernen!"

„Ja", sagt Georg mit einem tiefen Seufzer, „Jerusalem heißt ja übersetzt: ‚Stadt des Friedens!'"

Das Damaskustor

Es wird manchmal abends angestrahlt
und liegt genau gegenüber dem Paulushaus,
in dem Paula und Jakob wohnen.

Hast du Lust,
das Tor aus-
zumalen?

Verlaufen

Oh nein, jetzt ist es doch passiert. Jakob hat sich verlaufen.
Kannst du ihm den Weg vom Felsendom zum Damaskustor einzeichnen?
Achtung! Einige Straßen sind gesperrt.

überall ist Heiliges Land

ABSCHIED VON JERUSALEM

Paula kann es gar nicht erwarten. Der Zug braust durch die Nacht, dem Bahnhof entgegen, wo Papa und Mama und sicher auch Jakobs Mutter auf sie warten würden. Sie kann nicht glauben, dass sie am Morgen noch in Israel war. Vor lauter Aufregung waren sie in Jerusalem früh wach geworden und weil die Erwachsenen noch schliefen, waren die beiden im Schlafanzug noch einmal auf die Dachterrasse gelaufen. Diesen Anblick wollten sie auf jeden Fall im Herzen behalten: Jerusalem in der Morgensonne! Die war gerade über dem Ölberg aufgegangen und ihre goldenen Strahlen ließen die Kuppel des Felsendoms und das Kreuz der Grabeskirche leuchten.

Nach dem Frühstück hatten sie dort noch einen Besuch gemacht. Dann war noch etwas Zeit gewesen, Geschenke für die Lieben daheim einzukaufen. Erst in der Mittagszeit mussten sie die Koffer in das Taxi wuchten, das sie zum Flughafen bringen sollte. Und jetzt – nur ein paar Stunden später: schon wieder fast zu Hause! War vielleicht die ganze Reise nur ein Traum gewesen? Aber nein: Da sitzen ja wirklich ihre Reisegefährten leibhaftig nebeneinander. Sie sehen müde und zufrieden aus. Nun kommt auch schon die Ansage des Zugführers aus den Lautsprechern. In wenigen Minuten würde Paula ihre Eltern wiedersehen und Jakob seine Mutter.

Wusstest du ...
dass die Menschen in der Zeit Jesu die Maßeinheit »Tagesmarsch« kannten? Das waren etwa 40 km. Ohne Auto, Zug und Flugzeug konnte man an einem Tag nicht weiter reisen. Für die Reise von Israel nach Deutschland hätte man viele Wochen gebraucht.

WIEDER ZU HAUSE

„Da sind sie!", schreit sie Tina ins Ohr, als sie den blauen Mantel ihrer Mutter am Fenster vorbeiflitzen sieht. Als Erstem fliegt sie ihrem Papa in die Arme, weil der etwas schneller an der richtigen Tür ist. Er drückt sie ganz fest und sagt nur: „Gott sei Dank, dass du wieder da bist!" Sogar Oma ist mitgekommen.

Endlich wieder im eigenen Bett, hat Paula besonders gut geschlafen. Weil es Sonntag ist, gehen sie gemeinsam zur Kirche. Paula hört aufmerksam zu, als der Pfarrer das Evangelium vorliest und erklärt. Ja, das kann sie jetzt viel besser verstehen. Sie kann sich nun diese Orte vorstellen. Sie spürt noch den Wind und die Sonne, den Sand und die Sterne kann sie noch sehen, die Blumen noch riechen und die Vögel zwitschern hören. Paula hat das Gefühl, Jesus besucht zu haben in seinem schönen Heimatland. Am liebsten würde sie jetzt aufzeigen und etwas von dem erzählen, was sie erlebt hat in dem Land, in dem die Bibel entstand, aber sie traut sich nicht – vor all den Leuten!

WO ZWEI ODER DREI …

Heute Mittag sind sie zum Essen bei Jakobs Mutter eingeladen. Paula sitzt natürlich neben Jakob. Es gibt Spaghetti Bolognese, das Lieblingsgericht der beiden Kinder, dazu leckeren Salat. Als alle fertig sind, sagt Paula: „Ich bin doch froh, dass wir wieder hier sind." „Hat dir die Reise denn nicht gefallen?", fragt die Gastgeberin. „Jakob ist ganz begeistert, er hat mir die halbe Nacht davon erzählt und ich bin durch seine schönen Bilder fast auch dabei gewesen!" „Doch natürlich, es war toll", sagt Paula, „aber hier sind wir doch zu Hause!" Das Geplapper verstummt für einen Augenblick. Alle finden gut, was Paula da gesagt hat. Dann meint Paulas Mutter: „Eigentlich ist ja überall Heiliges Land. Gott ist nicht nur in Israel." „Und was Jesus zu diesem Thema sagt", fügt ihr Mann hinzu, „das haben wir doch heute Morgen erst in der Kirche gesungen. Das könnten wir eigentlich jetzt noch einmal singen, bevor es den Nachtisch gibt, einverstanden?" Und schon stimmt er an: „Wo zwei oder drei in meinem Namen versammelt sind, da bin ich mitten unter ihnen." Und alle singen mit.

Ein Brief an Jesus

Paula hat das Gefühl, dass Jesus ihr Freund ist und sie ihn besucht hat.
Sie möchte ihm einen Brief schreiben. Was würdest du an ihrer Stelle schreiben?

LIEBER JESUS!

Wusstest du ...
dass das Papier zur Zeit Jesu
Papyrus hieß? Es wurde aus der
Papyrus-Pflanze hergestellt,
indem sie in Streifen geschnitten,
übereinandergelegt und festge-
klopft wurde.

In einem Museum
konnten wir uns
anschauen, wie Papyrus
hergestellt wird.

DEIN(E)

Was Onkel Georg auf dieser Reise aus der Bibel vorgelesen oder erzählt hat:

» **Die wunderbare Brotvermehrung:** *Evangelium nach Markus, Kapitel 6,30–44*

» **Der große Auftrag für Simon:** *Evangelium nach Johannes 21*

» **Die „Bergpredigt":** *Evangelium nach Matthäus 5–7*

» **Der Sturm auf dem See:** *Evangelium nach Markus 4,35–41*

» **Die Berufung des Fischers Simon:** *Evangelium nach Lukas 5,1–11*

» **Elija in der Wüste:** *1. Buch der Könige 19*

» **In Akko:** *Apostelgeschichte 21*

» **Maria aus Magdala:** *Evangelium nach Johannes 20*

» **Maria in Nazaret:** *Evangelium nach Lukas 1,26 ff.*

» **Der Hauptmann von Kafarnaum:** *Evangelium nach Lukas 7,1–10*

» **Die Heilung des Gelähmten in Kafarnaum:** *Evangelium nach Markus 2,1–12*

» **Die Taufe Jesu im Jordan:** *Evangelium nach Matthäus 3,13–17*

» **Der barmherzige Samariter:** *Evangelium nach Lukas 10,30–37*

» **Jesus weint:** *Evangelium nach Lukas 19,41 ff.*

» **In Emmaus:** *Evangelium nach Lukas 24,13–35*

» **In Betlehem:** *Weihnachtsevangelium nach Lukas 2,1–20*

» **In Jerusalem am Schafsteich:** *Evangelium nach Johannes 5,1 ff.*

» **Jesus am Tempel:** *Evangelium nach Markus 13,1 ff.*

DIE AUTOREN DIESES BUCHES:

GERHARD DANE

schrieb diesen Reisebericht nach wirklichen Erlebnissen im Heiligen Land. Er ist seit 1967 Seelsorger in katholischen Gemeinden in und um Köln, seit 2017 im Ruhestand.
Er war 28-mal im Heiligen Land, mal mit kleinen, mal mit größeren Gruppen.

MONIKA BECKER

ist die Mutter von „Paula". Sie leitet einen großen katholischen Kindergarten. Ihre Fotos entstanden auf mehreren Reisen nach Israel.

Auflösung der Rätsel

S. 36/37:

Grüne Smaragdeidechse	6
Asiatischer Wildesel	3
Afghanfuchs	5
Steppenkiebitz	10
Aleppo-Kiefer	4
Arabische Sandrasselotter	11
Steinbock	14
Granatapfelbaum	7
Steppenschnecke	8
Tristramstar	13
Feuersalamander	2
Mesopotamischer Damhirsch	9
Mandelbaum	12
Kaktus	1

S. 62/63:

1. Kirche auf dem Berg der Seligkeiten
2. Felsen im „Peterskirchlein"
3. Akko
4. Gästehaus in Tabgha
5. Engel in der Gabrielskirche
6. Tel Aviv
7. Mosaik in Tabgha
8. Pinie
9. Boot am See Gennesaret
10. Berg Arbel
11. Klippdachs
12. Tabernakeltür in der Kapelle auf dem Berg Karmel
13. Kafarnaum
14. Petrusfigur in Tiberias
15. Turm der Gabrielskirche

S. 100:

1. Betlehem
2. Evangelium
3. Tiberias
4. Stephanus
5. Andreas
6. Israel
7. David
8. Apostel

Lösungswort: *Betsaida*

S. 106/107:

1. Kloster St. Georg
2. Jordan
3. Dormitio Mariä
4. Felsendom
5. Verzierung im Felsendom
6. Ölbaum
7. Grabeskirche
8. Altstadt vom Betlehem
9. Grenzmauer
10. Via Dolorosa
11. Löwen am Stephanustor
12. In der Grabeskirche
13. Wüste Juda
14. Pflegeheim in Emmaus
15. Stern in der Geburtskirche

S. 113:

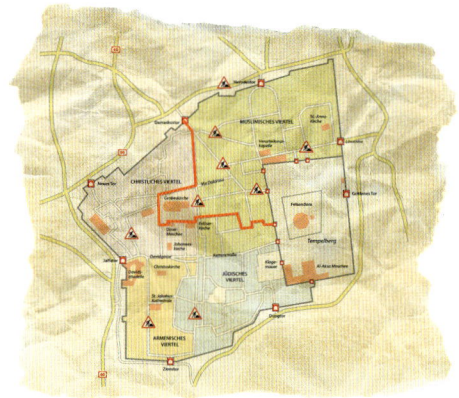

Für die Kinder im Heiligen Land

Wollt ihr den Kindern in Israel und Palästina helfen? Zum Beispiel in der Schmidt-Schule des Deutschen Vereins vom Heiligen Lande (DVHL)? Hier erhalten Mädchen zwischen sechs und 18 Jahren eine richtig gute Schulbildung. Das geht aber nur, weil sich so viele Menschen für sie einsetzen. Das geht beispielsweise, wenn ihr oder eure Eltern Mitglied beim DVHL werdet. Mit 24 Euro im Jahr könnt ihr ganz schön viel bewirken. Ihr wollt ein anderes Projekt unterstützen? Kein Problem: Schaut einfach unter www.dvhl.de im Internet nach und sucht euch eins aus.

Wir sagen jetzt schon einmal danke!

DEUTSCHER VEREIN
VOM HEILIGEN LANDE
Verlässlich · Christlich · Über Grenzen hinweg